Aber ich will dich verstehen!

*Eine Mutter kämpft um ihr Kind*

# Aber ich will dich verstehen!

*Eine Mutter kämpft um ihr Kind*

Christa Meves und Andrea Dillon

VERLAG RESCH

1. Auflage 1995

D-82166 Gräfelfing, Maria-Eich-Str. 77

Umschlag: Norbert Dinkel, München
Abbildung: August Macke,
»Futuristische Köpfe«, Zeichnung, 1913
Satz: Filmsatz Schröter GmbH, München
Druck: Wagner, Nördlingen
Printed in Germany
ISBN 3-930039-49-4

# *Inhalt*


| | | |
|---|---|---|
| *Vorwort* | | 7 |
| *Wiedersehen* | Britta | 9 |
| | Doris | 16 |
| *Eindrücke* | Britta | 26 |
| | Doris | 32 |
| *Versuche zum Eingewöhnen* | Britta | 39 |
| | Doris | 45 |
| *Entfernungen* | Britta | 50 |
| | Doris | 60 |
| *Haß und Entsetzen* | Britta | 66 |
| | Doris | 80 |
| *Rückzug* | Britta | 85 |
| | Doris | 99 |
| *Aneinander gefesselt* | Britta | 106 |
| | Doris | 117 |
| *Rettungsversuche* | Britta | 124 |
| | Doris | 137 |
| *Sich-Fügen* | Britta | 146 |
| | Doris | 158 |
| *Frieden dennoch* | Britta | 169 |

*Die tiefste Schicht unserer Seele*
*bildet die Hölle in uns,*
*und auch in diese muß Christus hinabsteigen,*
*um uns auferstehen zu lassen.*

Ernst R. Hauschka

# *Vorwort*

Dieses Buch möchte die Symptomatik vieler Leidender verstehbar machen, die im Laufe der vergangenen Jahre in meiner psychotherapeutischen Praxis Hilfe suchten. Wir haben es uns zur Aufgabe gemacht, die Not, die Leiden in erzählender Form an einem einzelnen Fall, den Gestalten einer Mutter und ihrer jugendlichen Tochter, zu verdeutlichen – einerseits, um zu berichten, wie bitter heute oft Leben miteinander – selbst unter der Hülle des Wohlstands – sein kann, aber auch, um Aufschluß zu vermitteln über Ursachen und Hilfsmöglichkeiten bei solchen Qualen; doch darüber hinaus, um aufzuzeigen, daß das Schicksal seelischer Erkrankung für diejenigen, die daran beteiligt sind, Chancen zu einer vertieften Entwicklung, ja, zu einer heilsamen Verwandlung enthalten.

Wir haben uns zu zweit dieser Aufgabe gestellt, weil wir meinen, daß man einem solchen Prozeß nur gerecht werden kann, wenn man ihn von beiden Sichtweisen her betrachtet: dem Erleben der zwei Personen selbst. Als Angehörige zweier Generationen haben wir deshalb versucht, in den einzelnen Kapiteln das jeweilige Geschehen erst mit den Augen der Mutter und dann mit denen der Tochter zu beschreiben.

In diesem Unterfangen steckt das Mitleiden mit allen, die dergleichen Lebensschwere auszuhalten haben. Es verbirgt sich darin aber auch die Hoffnung, daß wir nicht durch bittere Erfahrung allein erst klug werden, sondern daß durch diese Geschichte erkennbar wird, daß der Mensch heute grundsätzlich lernen kann, daß es auch andere Wege gibt – nicht allein nur die dornenreichen Umwege an den Abgründen entlang. Und das will heißen, daß wir vielem Unglück entgehen könnten, wenn wir erhorchen, was der Herr über Leben und Tod sich von uns erhofft.

Christa Meves
Andrea Dillon

Uelzen, im Sommer 1995

# Wiedersehen

## *Britta*

»Wenn Sie die Schnittchen fertig haben«, sagt Britta in die Küche hinein zu Frau Müller, »können Sie Feierabend machen. Ich muß heute erst einmal mit Doris allein sein.«

Schon mit der Tasche in der Hand bleibt sie an der Haustür stehen, wendet sich zur Treppe, öffnet – oben angelangt – die Tür zu dem Appartement, das sie für die Tochter herstellen ließ. Prüfend schaut sie in das hübsche kleine Wohn- und Arbeitszimmer. Eine geblümte Couchgarnitur hat sie ausgesucht, einen antiken Sekretär – ein teures Stück –, und hinter dem ganz in Lindgrün gehaltenen Raum öffnet sich der Blick auf das kuschelige Schlafzimmer, eine Variation in Altrosa, und gleich anschließend lädt ein Bad ganz in Weiß mit Goldinstallation zum Erfrischen ein.

Nicht ohne Genugtuung betrachtet Frau Dr. Damann ihre innenarchitektonische Leistung. In so einer Wohnung muß man sich doch wohlfühlen können. Wenn sie daran zurückdenkt, wie sie bei ihrer Mutter noch als 14jährige hatte leben müssen: durch einen Schrank nur getrennt in einem einzigen Schlafraum mit ihren Brüdern! Aber ihre Mutter war nach dem Unfalltod des Vaters eben nie aus ihrem finanziellen Notstand herausgekommen. Dieses ewige Elend hat Britta dann ja auch Beine gemacht.

Noch wirft sie einen Blick zurück auf das hübsche

Haus, während sie die Automatik der Garagentür bedient. Sie hat dies alles schaffen können – sie allein – durch ihre Arbeit als niedergelassene Ärztin. Eine Lehre hat sie gezogen aus ihrer Kindheit – und ist das nicht etwa gut gewesen? Sie wendet den silberfarbenen Peugeot und gibt Gas. Sie ist zeitig an diesem praxisfreien Mittwochnachmittag. Erst um 17 Uhr wird der Airbus aus Frankfurt landen, der Zwischenstation nach dem Direktflug aus New York – sicher noch Zeit, um in Hannovers Flughafen zu bummeln und eine Tasse Kaffee zu trinken.

Alles scheint eigentlich ganz selbstverständlich, gut vorbereitet, wohl geordnet – und doch wächst mit jedem der auf der Autobahn zurückgelegten Kilometer eine Britta beunruhigende Spannung. Doris ist ihre Tochter, ohne Zweifel. Aber hat sie auch nur den Hauch einer Ahnung, was da auf sie zukommen wird? In Übereinstimmung mit ihrem Ex-Mann und dessen zweiter Frau hat sie es gebilligt, daß es keine Verbindung zu der Tochter gab – volle 14 Jahre lang. So hatten sie es damals ausgemacht und eingehalten. Im Alter von 14 Jahren sollte Doris eine eigene Entscheidung treffen, ob sie weiter im Haus ihres Vaters, oder nun auch einmal bei der Mutter leben wolle. Jetzt war diese Entscheidung für sie – für Doris' fremde Mutter! – gefallen.

Britta kurvt durchs Parkhaus des Flughafens, findet einen Platz, schaltet den Motor ab, bleibt nachdenklich noch eine Weile über dem Steuer hängen. Damals hat sie gemeint, daß das ein konsequentes, für das Kind das beste Agreement war – aber stimmt das eigentlich wirklich? Sie sieht ihn noch vor sich stehen, diesen Beau, ihren einst heißgeliebten Mann. Sie hat sich auf einem Ball stehenden Fußes bis über beide Ohren in ihn verliebt – den jungen Attaché des deutschen Botschafters in Washington – und er auch in sie. Eigentlich hatte sie noch keineswegs heiraten wollen; sie hatte ihre Facharztausbildung zur Allgemeinmedizinerin noch nicht abgeschlossen. Aber diese Liebe warf alles über den Haufen. Sie wurde darüber hinaus bald schwanger, weil dieser Mann das wollte. Er wollte unbedingt ein Kind von ihr! Und sie, dieses Schaf, machte in ihrer hirnrissigen Verliebtheit alles mit!

Britta betritt das Flughafengebäude und schaut zur Ankunfts-Ankündigung hinauf. Eine Stunde Verspätung signalisiert die Tafel. Sie beschließt, die Shopping-Zeile zu inspizieren. Ein junger Flugkapitän kommt ihr entgegen, schäkernd, mit zwei Stewardessen, je eine links und rechts. Er wirft einen abschätzenden Blick auf sie, neugierig, fast werbend, einer von diesen Männern mit dem Selbstbewußtsein des Veni-Vidi-Vici. Schließlich ist auch sie immer noch attraktiv mit ihrem dunklen, lockigen Bubi-Kopf, den ausdrucksvollen Augen, dem vollen, wohlgeschminkten Mund, dem schwarzen Blazer über der geschmackvollen Seidenbluse und dem Mini-Rock, der die schlanken Beine über den hochhackigen Schuhen voll zur Geltung bringt. O ja, so, mit einem solchen Blick – zuerst auf diese Beine – war damals Bert auf sie zugetreten. Aber warum hatte ihr das denn nicht zur Warnung gedient? War das denn nicht eher der Blick eines Pferdehändlers als eines Mannes mit der Befähigung zur Treue?

Britta schlendert zur Rolltreppe hinauf zur Departure-Halle. Ach, wie oft hatten sie hier Abschied genommen; denn die Möglichkeit zum Zusammenwachsen hatten sie einfach nicht bekommen. Sein Arbeitsplatz war nun einmal in den USA, und sie konnte unmöglich ihren Krankenhausvertrag kündigen. Alle Mühe, die lange Studienzeit, die vielen schweren Prüfungen wären dahin gewesen.

Eine schöne Inderin mit einem Baby im Tuch kommt ihr entgegen. Ach ja, und dann hatte sich das Kind angemeldet und sie in schwere Entscheidungskämpfe genötigt. Sollte sie alle Schiffe hinter sich verbrennen und mit dem Kind an der Brust ihrem Mann in die USA folgen – wie er es apodiktisch forderte? Die Entscheidung fiel dagegen aus, als ihr Prof. Bergmann, eine internationale Coryphee der Inneren Medizin, einen Arbeitsplatz an der Uni-Klinik antrug. Das hieß erstklassige Ausbildung, das hieß Vorbereitung auf die Realisierung ihres höchsten Wunschtraumes: Ärztin in eigener Praxis.

Überhaupt kein Verständnis hat Bert dafür gehabt. Den entscheidenden Krach darüber gab es schon, bevor das Kind geboren war. Britta läßt sich auf einer Bank in der großen Halle nieder und schaut dem Vorgang des Eincheckens, der zur Zeit an verschiedenen Schaltern geschieht, zu. Ihre Aufmerksamkeit wird auf ein Paar gerichtet, das gerade im Begriff ist, sich zu trennen. Sie, eine flotte Blondine, schüttelt energisch den Kopf. Sie wehrt ihn, der sie noch einmal zu berühren sucht, ab. Und plötzlich bekommt er rabenschwarze Augen vor Wut, wirft sein Gepäck aufs Band und entschwindet hastig, ohne sie noch einmal eines Blickes zu würdigen.

Ja, so war es gewesen, genau so! Aber während sie sich in ihre Arbeit gestürzt hat, ist er nicht untätig gewesen. Er hat ihr einen Scheidungsplan ins Haus geschickt, mit einem folgenschweren Vorschlag: Da das zu erwartende Kind doch eigentlich seine Entstehung allein seinem Wunsch verdanke, da sie es ohnehin bei ihrem ganztägigen Dienst im Krankenhaus in fremde Hände geben müsse, möge sie es ihm sobald als möglich überlassen. Er habe auf dem Flug nach Amerika eine junge Deutsche kennen- (und mittlerweile lieben-) gelernt. Sie habe sich bereit erklärt, das Baby zu betreuen. Er habe deshalb beschlossen, sie sofort zu heiraten, wenn Britta in die Scheidung eingewilligt habe. –

Eine junge Frau hat sich mit einem kleinen Kind neben ihr niedergelassen. Es ist nicht die Mutter; man sieht das an der nicht sonderlich liebevollen Art, mit der sie das Kind neben sich setzt. Und das Kind selbst, wohl ein Mädchen, hat einen merkwürdig apathischen Blick. Sie kommen miteinander ins Gespräch, und die junge Frau berichtet, daß sie Sozialarbeiterin sei und den Auftrag habe, das Kind zwecks Adoption seiner neuen Familie zuzuführen. Britta erhebt sich rasch, nachdem sie diese Story gehört hat. Ein Kloß schmerzlichster Erinnerungen schnürt ihr die Kehle zusammen: Ja, sie hat eingewilligt – und nur die Klausel mit der freien Entscheidung der 14jährigen als Bedingung eingefügt. 14 Jahre später wäre sie – so mutmaßte sie (und wie sich heute zeigt, mit Recht) – voll etabliert und gewiß dann auch in der Lage, die Erziehung einer schon fast selbständigen Halbwüchsigen zu übernehmen.

Aber was für eine Ochsentour ist die Durchführung des Entschlusses gewesen! Zwar war das Kind – wenn auch nach schwerer Geburt – in der Uni-Klinik in Hannover gesund zur Welt gekommen. Zehn Tage lang hat sie es dort selbst betreut (mit der Flasche gleich, weil es wenig sinnvoll gewesen wäre, es erst an die Brustnahrung zu gewöhnen) – zehn Tage aber doch, in denen sie sich diesem zarten, hilflosen Geschöpf zugeneigt hat – zehn Tage, in denen sie immer trauriger über den rasch geplanten Abschied wurde. Sie hat ihrem Kind noch den Namen Doris gegeben. Ihr Ex-Mann ist einverstanden gewesen – wegen des schönen Klangs, meinte er am Telephon.

Er kam dann gemeinsam mit seiner neuen Frau. Britta erschrak, als sie sie sah, so wesenlos, so jung, unmütterlich dürr – aber dennoch wohl auch im Zauberberg dieses Mannsbildes. Die junge Mutter hatte bereits alles gepackt, als der Wagen vorfuhr. Sie hat die Besucher gebeten, das Kind allein aus dem Bettchen zu nehmen. Sie hörte es schreien. Es ist ein furchtbarer Augenblick gewesen.

Britta läßt sich in der Cafeteria einen Expresso servieren. Wie soll sie ihre Erregung bändigen? Sie versucht, die schmerzvolle Erinnerung mit einem sperrigen Sandwich hinabzuwürgen.

Der kleine Zeiger der großen Uhr rückt auf die Sechs vor. Frau Dr. Damann steht schwerfällig auf und fährt hinab ins Arrival-Souterain. Ihr Herz ist beklommen. Was hat sie sich da nur vorgenommen? Wie will sie diese 14 Jahre auf einen Sprung nachholen? Was weiß sie von ihrer Tochter? Unverhofft erreichte sie vor einigen Wochen ein Brief. Britta kramt in ihrer Tasche (sie braucht schließlich das Erkennungsphoto), und noch einmal – wie wohl allmählich zum hundertsten Mal – liest sie: »Hallo! Bert und Claudi haben mir erzählt, daß ich da in Deutschland noch eine richtige Mutter habe und daß ich, wenn ich wolle, die weiteren Schuljahre in Deutschland verbringen könne. Da ich hier in eine deutsche Schule gehe, ist das ohnehin kein Problem. Ich würde das Angebot also gerne annehmen; denn Amerika stinkt mir ohnehin mehr oder weniger. Ich war ein paarmal mit Bert und Claudi in Deutschland, und mir gefiel es dort immer gut. Willst Du mich also haben?«

Die roten Lämpchen an der Tafel blinken auf: »Gelandet!«

Brittas Herz klopft bis zum Hals. Sie nimmt das Photo in die Hand. Sie sieht es sich noch einmal an. Aus einem schmalen, blassen Gesicht schauen ihr zwei hellblaue Augen – wie prüfend – entgegen. Die dünnen blonden Haare sind nach vorn zu einem Pony, nach hinten zu einem straffen Pferdeschwanz gebündelt. Kleine Ohrringe in den schmalen Läppchen, eine irgendwie unordentliche Bluse ...

Die Passagiere entströmen der Treppe, umstehen das Gepäckband. Da, ein Mädchen im dunklen Ledernietenanzug – ein Riesenkoffer, schwerer als das Kind. Es kommt auf Britta zu.

»Hei«, sagt es und schaut der Mutter forschend kaugummikauend entgegen.

»Doris, ja, das bist du wohl«, antwortet Britta verlegen.

# Wiedersehen

## *Doris*

*Einige Tage vorher*

Wütend wirft Doris die Tür zu ihrem Ankleideraum zu und lehnt sich an die Zimmerwand. So eine Gemeinheit! Bert und Claudi wissen ganz genau, daß sie mit der Clique eine Abschiedstour unternehmen will, und ausgerechnet heute befehlen sie ihr, am Nachmittag auf den 8jährigen Phil aufzupassen. Als ob der nicht selbst auf sich aufpassen könnte! Doris tritt mit dem Fuß heftig gegen den Schreibtisch und läßt sich dann auf ihr ungemachtes Bett fallen. Alle andere Guys werden sie nun auslachen und darüber spotten, daß sie sich gegen ihre Eltern nicht durchsetzen könnte. Nichts als Schikane fällt denen noch ein – seit dem großen Krach.

Ein kleiner Junge mit großen dunklen Augen stürmt herein.

»Ma hat gesagt, du würdest heute mit mir spielen, tust du's auch?« fragt er zögernd.

»Laß mich in Ruhe«, faucht Doris ihn an. »Zieh Leine und mach, was du willst! Ich bin doch nicht dein Kindermädchen!«

Phil wagt einen zweiten Vorstoß:

»Aber Ma hat mir versprochen, daß du ...«

»Shut up!« fährt Doris den kleinen Jungen an. »She might be your mother, but she certainly isn't mine!«

Schlechte Laune kann man auf Englisch einfach besser abreagieren, findet sie.

»Du sollst nicht mit mir Englisch reden, hat Ma gesagt«, tut Phil sich wichtig und verzieht sich schleunigst, als ein Schuh in seine Richtung geflogen kommt.

Doris dreht sich auf den Bauch, läßt den Fernseher laufen und versinkt in dumpfes, bitteres Brüten. 14 Jahre ist sie jetzt alt, und die meiste Zeit ihres Lebens hat sie in den Vereinigten Staaten verbracht. Was ist ihr schließlich auch anderes übrig geblieben? Ihr Vater hat hier nun einmal seinen Job. Nur in den Ferien sind sie mit Bert öfter zurück nach Deutschland gereist.

»Warum nennst du deinen Dad eigentlich beim Vornamen?« hat einmal jemand von ihr wissen wollen.

»Er findet es cool«, hat Doris erwidert und dabei die Augen verdreht.

Um keinen Preis der Welt hätte sie zugegeben, daß ein ganz anderer Grund dahinter steckte – ein Grund mit Namen Claudi. Bert ist zwar Doris' Vater, aber Claudi, seine Frau, ist nicht ihre Mutter – und sie will auch auf keinen Fall von diesem Mädchen mit »Ma« angesprochen werden. »Ma« ist sie bloß für Phil, Doris' 6 Jahre jüngeren Halbbruder – der ganze Stolz seiner beiden Eltern.

Die Tür fliegt auf, und ein schöner Golden Retriever landet mit einem einzigen Sprung von der Schwelle aus in Doris' Bett. Hund und Mädchen machen es sich da bequem.

»Du wirst mir fehlen«, sagt Doris und streichelt ausgiebig das seidenweiche warme Fell.

»Wenn ich dich nur mitnehmen könnte! Aber das läßt Bert nie zu. Er betont jetzt schon reichlich oft, daß er dich Phil geschenkt hat und nicht mir. Phil, Phil, immer nur Phil!«

Zornig wälzt Doris sich herum und speit ihren Kaugummi in hohem Bogen auf den Teppich. Eine Weile schaut sie mit Verachtung auf das Tohuwabohu in ihrem Zimmer. Der Tisch, die Sessel, der Boden – alles ist übersät mit Utensilien verschiedenster Art: von Kleidungsstücken und Schuhen bis zu angebissenem Obst, gebrauchten Taschentüchern, offenen Cola-Dosen, halbvollen Chips-Packungen und fleckenverzierten Schulheften. Doris lacht. Was geht sie der ganze Kram hier noch an. Schon übermorgen wird das alles Vergangenheit sein!

Als Phil auf die Welt gekommen ist, hat sie die Eltern einmal gefragt: »Wer ist eigentlich meine Ma?«

Berts erschrockenes Gesicht erinnert sie noch heute.

»Deine Ma ist in Deutschland«, hat er ihr erklärt. »Sie ist dort Ärztin und hat den ganzen Tag soviel zu tun, daß sie für niemanden sonst Zeit hat. Deswegen bist du schon als ganz kleines Baby mit Claudi und mir nach Amerika gekommen.«

»In meiner Klasse sind aber fast alle Mas und Pas miteinander verheiratet«, hat sie eingewendet. »Warst du mit der Ma in Deutschland auch verheiratet?«

»Ja, das war ich«, hat Bert knapp erwidert. »aber dann ließen wir uns scheiden, und ich habe Claudi geheiratet. – Denk jetzt nicht weiter darüber nach; du bist jetzt bei uns. – Und wir haben dich lieb«, hat er dann noch fast verlegen hinzugefügt.

Natürlich hat Doris im Lauf der Jahre einiges mehr über ihre leibliche Mutter herausbekommen. Allzu toll ist das ja nicht gewesen, ein zehn Tage altes Kind wegzugeben, findet sie, aber naja. Andere Frauen tun ja wohl noch Schlimmeres.

Die Stiefmutter schaut zur Tür herein.

»Kommst du zum Lunch hinunter?« will sie wissen.

»Nein, keinen Hunger«, gibt Doris lakonisch zurück. Seit dem großen Krach vor sechs Wochen vermeidet sie es, mit den Eltern allein zu sein.

Bert hat damals auf ihrer Party zwei Jungs von ihrer Clique mit Haschisch erwischt und einen Riesenskandal daraus gemacht. Ihre Freunde haben Hausverbot bekommen, und die Party ist keine paar Minuten danach aus und vorbei gewesen.

Ob Doris gewußt habe, daß einige von ihren Freunden drogenabhängig seien?, hat er finster wissen wollen.

Doris hat es gewußt.

Ob sie jemals solches Zeug selbst ausprobiert habe?

Doris verneint. Die paar Züge, die sie an Tims LSD-Zigarette geraucht hatte, gelten ja wohl nicht.

Bert hat sie auf ihr Zimmer geschickt.

Am nächsten Tag dann ist aber erst der eigentliche Hammer gekommen. Bert und Claudi erzählten ihr von einem Agreement, demzufolge Doris mit 14 selbst entscheiden kann, ob sie in Zukunft bei der ihr fremden Mutter Britta in Deutschland oder weiterhin mit ihrer bisherigen Familie in den Staaten leben wolle. So sei es damals mit Britta ausgemacht worden, und man habe vor, sich daran zu halten.

Doris ist sprachlos gewesen vor Staunen.

»Natürlich kann es mit dir hier nicht so weitergehen wie bisher«, hat Claudi hinzugefügt, »ganz besonders nicht seit der gestrigen Drogengeschichte. Du wirst selbst einsehen, daß es zu deinem Besten ist, wenn wir dich auf ein gutes Internat schicken.«

Tiefe Befriedigung scheint aus Claudis Stimme zu sprechen. Bert wirft seiner Frau einen scharfen Blick zu, doch sie ignoriert ihn.

»Also entweder Britta in Deutschland oder ein Internat in den Staaten?« hat Doris fassungslos gefragt und sich ihren eiskalten Zorn nicht anmerken lassen. »Du kannst es wohl gar nicht mehr erwarten, mich loszuwerden?«

»Eine solche Unterstellung verbitte ich mir«, hat Bert auch sogleich gedonnert. »Ein Internat wäre nur zu deinem Besten. Dein Schulerfolg ist schlecht, dein Umgang noch schlechter. Das mußt du zugeben.«

Doris hat es zugegeben.

»So sollt ihr mich aber nicht kleinkriegen!« denkt sie im stillen. Laut sagte sie: »Ich denke, ich wähle Britta und Deutschland. Es wird vielleicht eine ganz nette Abwechslung sein, mal so etwas wie ›Mutterliebe‹ kennenzulernen – was immer das auch sein mag!«

»Du undankbares ...«, ist Claudi auch prompt aufgebraust, aber sogleich von Bert unterbrochen worden: »Doris, du entschuldigst dich auf der Stelle! Claudi hat schließlich vierzehn Jahre lang alles für dich getan, obwohl du für sie eine Fremde warst!«

Doris hat ihn aufreizend nachdenklich gemustert.

»Eins würde ich noch gerne wissen, Vater«, hat sie dann langsam und betont gesagt. »Hast du meine Mutter eigentlich auch schon betrogen, wie du jetzt Claudi mit dieser aufgetakelten Sekretärin betrügst? Ich habe euch gesehen ...«

Tiefe Befriedigung über diesen gelungenen Hieb hat sie den Schmerz in ihrem eigenen Inneren vergessen lassen. In die aufgerissenen Augen Claudis und das weiße Gesicht Berts hinein ist sie aufgestanden und gegangen. Noch am selben Tag hat sie einige formlose Zeilen an Britta geschrieben, und genau nach einer Woche ist dann das alles entscheidende Fax gekommen: Britta freue sich – Doris sei willkommen – etwa sechs Wochen würden nötig sein, um für Doris Zimmer her- und einzurichten. Dann könne sie mit Sack und Pack anreisen. Einzelheiten des Fluges und der Übersiedlung solle Bert selbst mit ihr besprechen.

Einige Tage später sind dann per Post auch noch Photos gekommen: Britta im Ärztemantel, Britta hinter dem Schreibtisch, Britta privat. Wieder einmal fischt Doris die Bilder unter dem Kopfkissen hervor und betrachtet sie zum x-ten Mal.

»Sie ist schön«, sagt sie sich. Und: »Ich habe nichts mit ihr gemein. Sie ist dunkel, ich bin hell. Sie ist feingliedrig und schlank, ich bin grobknochig und pummelig … Aber sie ist toll geschminkt. Vielleicht bringt sie mir das bei?«

Durch diesen Gedanken etwas fröhlicher gestimmt, steht Doris vom Bett auf, bückt sich nach ihren Schulsachen und setzt sich an den Schreibtisch.

»Ich Schaf!« sagt sie dann laut zu sich selbst. »In zwei Tagen bin ich in Deutschland – da mache ich doch jetzt keine Schularbeiten mehr!«

* * *

Schnell vergehen die beiden letzten Tage. Der Abschied von den Guys der Clique fällt Doris ebensowenig schwer wie der von Bert, Claudi und Phil. Keinem von allen diesen fühlt sie sich verbunden. Hätte jemand sie gefragt, ob sie sich überhaupt einem Menschen verbunden fühlt, hätte sie wohl höchst erstaunt den Kopf geschüttelt: »Nein, wieso?«

Steif und insgeheim erleichtert, die letzten Wochen endlich hinter sich zu haben, stehen sie nun zu viert auf dem Flughafen. Phil versucht ungeschickt, die Halbschwester zu umarmen, Bert und Claudi geben ihr die Hand und sagen lahm: »Schreib uns mal, wie es dir so geht!«

Dann heißt es: ab durch die Sicherheitskontrollen. Das große Gepäck ist aufgegeben worden, die Boarding-Card für die erste Klasse hält sie in der Hand. Für Doris als routinierter Flugreisenden haben die Aktivitäten auf den Flughäfen längst ihren Reiz verloren. Sie stöbert gelangweilt im Duty-Free-Shop herum, kauft einen 800 Seiten dicken Liebesroman für unterwegs – und nach einigem Zögern dann eine Bonbonnière, die sie eventuell Britta geben kann. Dann vertieft sie sich in das Buch und empfindet den Aufruf ihres Flugs als lästige Störung.

Neugierig mustert die Stewardeß sie, als sie sie zu ihrem 1. Klasse-Platz führt. Doris paßt auch wirklich nicht hierher – rundherum Geschäftsreisende in tadellosen Anzügen, mit Laptops in den diskreten und durch lange Nummerncodes gesicherten Aktenkoffern – und sie, ein 14jähriges Mädchen im schwarzen Ledernietenanzug, das Blondhaar straff zurückgekämmt, die Lippen mit weißem Lippenstift nachgezogen. Der Anzug erinnert sie an die Clique, deshalb hat sie ihn angezogen. Und auch, um Bert und Claudi zu ärgern. Welchen Eindruck Britta wohl bekommen mag, hat sie nicht überlegt.

Pünktlich hebt die große Boeing ab. Doris bestellt ein Glas Gingerale bei der Stewardeß und greift dann wieder zu ihrem Buch. Mann, was hat sie da bloß ausgesucht! Das ist kein verwickelter Liebesroman, sondern reiner Porno, wenn auch in eine spannende Handlung eingebettet. Und alle paar Seiten heiße Bettszenen! Obwohl sie auf diesem Gebiet schon einiges gelesen und auch im Fernsehen gesehen hat, ist sie dann aber doch neugierig.

Relativ schnell vergehen so die Stunden über dem Atlantik. Die Maschine brummt in 12 000 Meter Höhe unter gleißender Sonne dahin, die mehr als 400 Passagiere versuchen, ein bißchen zu schlafen, oder widmen sich dem angebotenen Fernsehfilm. Plötzlich gibt es Unruhe. Die Stewardessen beginnen, hektisch auf und ab zu laufen, Fernsehen und Musik werden abgeschaltet, ebenso die Leselichter. Ein Wort kriecht durch die vielen Sitzreihen, erst leise, dann immer lauter: »Technische Probleme!«

Doris fühlt Angst in sich aufsteigen. Bis jetzt ist sie der Meinung gewesen, keine Furcht vor dem Sterben zu haben – aber mit einem Flugzeug über dem Meer abzustürzen und dann elendiglich zu ertrinken, ist für sie eine Horrorvorstellung. Einige Minuten vergehen in größter Anspannung. Einige Reihen weiter hinten hört Doris eine Frau laut beten.

»Dummes Gefasel«, denkt sie sich. »Was soll Gott uns schon groß helfen, der hat anderes zu tun. Und außerdem glaube ich soundso nicht, daß er – wenn es ihn überhaupt gibt – sich auch nur im mindesten um mich kümmert.«

Schließlich eine Stimme aus dem Lautsprecher: »Meine Damen und Herren, wir versichern Ihnen, daß kein

Grund zur Beunruhigung mehr besteht. Wir werden lediglich in Frankfurt etwas verspätet landen, weil wir zunächst eine Zwischenlandung planten. Genießen Sie den restlichen Flug.«

Doris drückt sich erleichtert tiefer in ihren Sessel.

Nach einigen Stunden setzt die große Maschine sicher auf dem Rollfeld in Frankfurt auf. Doris klettert als eine der ersten aus dem Flugzeug, reiht sich in die hastig auf die Paßkontrolle zueilende Menschenschlange ein und beäugt dann fachmännisch die große Flughafenhalle. In Frankfurt ist sie auf den Reisen mit Bert und Claudi nach Deutschland schon öfter umgestiegen und weiß daher ganz genau, wohin sie zum Weiterflug im Inland gehen muß.

Glücklicherweise hat der Airbus nach Hannover gewartet. Als er startet, hat die letzte Etappe von Doris' langer Reise begonnen. Sie fühlt nun doch eine gewisse Beklommenheit in sich aufsteigen. Worauf hat sie sich da eingelassen? Gut und schön, bei Bert und Claudi ist das Leben nicht gerade überstark gewesen; aber diese beiden waren für sie immerhin berechenbar gewesen. Britta dagegen ist ihr völlig fremd, die kann sie ganz und gar nicht einschätzen! Was, wenn sie nun die strenge Mutter herauskehrt, mit Manieren, Schulleistungen und so? Was, wenn sie auf eine ganz gräßliche »brave« Schule gehen muß? Doris beschließt, von Anfang an klarzustellen, daß sie nicht gewillt ist, solche Dinge mitzumachen. Soll Britta doch sehen! Außerdem: Als Ärztin mit eigener Praxis hat Britta bestimmt wenig Zeit und ist viel außer Haus. Es könnte ja doch auch ganz nett werden …

Der Airbus landet. Doris zieht sich noch einmal die Lippen nach, findet sich mit dem weißen Lippenstift aber plötzlich scheußlich und wischt alles wieder ab. Britta hat auf den Photos einen vollen, gut geschminkten Mund gehabt ... Das Mädchen geht möglichst unauffällig mit den anderen Passagieren in die Halle zum Gepäckband und schielt dabei zu den hinter der Absperrung wartenden Menschen hinüber. Da – das müßte sie sein! Und unheimlich schick sieht sie aus in diesem Minirock! Doris fühlt sich plötzlich fast unbehaglich in ihrer schwarzen Ledermontur, doch daran läßt sich nun nichts mehr ändern. Sie zieht mühsam ihren schweren Koffer zu sich heran, als er an ihr vorbeigleitet, und setzt sich in Richtung des Minirocks in Bewegung – mit der festen Absicht, die fremde Mutter auf Distanz zu halten. Diese sieht ohnehin irgendwie verlegen aus.

»Hei«, sagt Doris und stellt Koffer und Boardcase ab.

»Doris, ja, das bist du wohl«, antwortet zögernd die Mutter.

# Eindrücke

## *Britta*

*7. 6. 90*

»Wem teil' ich es mit?« ging's mir durch den Kopf, nachdem ich Doris ›gute Nacht‹ gesagt hatte. Mein Herz ist so voll – an Schlafen ist jetzt ohnehin nicht zu denken. Aber um Matthias anzurufen, ist es viel zu spät. Doch da fiel mir das abschließbare Tagebuch ein, das er mir zum vergangenen Geburtstag geschenkt hat. Ja, das ist überhaupt die Idee: Ich werde mein neues Leben, das Leben mit Doris, hier nächtlicherweise zu reflektieren suchen. Das wird mir vielleicht sogar helfen können, den Geschehnissen nach-zu-denken im wahrsten Sinne dieses Wortes, um den Umgang mit ihr zu steuern.

Meine Tochter – so ganz richtig kann ich es eigentlich noch gar nicht fassen, daß das Wirklichkeit ist: daß dieses Mädchen, das sich dort oben fest in das schöne brandneue Plumeau eingekuschelt hat, wirklich meine Tochter ist, mein Fleisch und Blut, von mir ausgetragen und zur Welt gebracht! Mein Kind! Denn ein Kind ist sie noch, trotz ihrer saloppen Selbständigkeit, trotz all der scheinbaren Sicherheit im Auftreten und all der schnellzüngigen Neigung zur Kritik.

Das ging bereits im Parkhaus los.

»Was ist das für eine komische Karre?« begrüßte sie meinen Peugeot, und als ich sie bat, sich anzuschnallen, meinte sie: »Why that? In Amerika habe ich mich nie angeschnallt!«

»Da saßest du vermutlich auch immer hinten«, wagte ich zu kontern.

»Stimmt«, gab sie zu und angelte nach einem Kaugummi in ihrer Jackentasche, »neben Phil, und mit dem wurde immer ein Riesentheater um seine Sicherheit gemacht. Davon war Claudi dann meist schon so erschöpft, daß sie gar nicht mehr mitbekam, daß ich den Gurt nicht genommen hatte.«

Ein leichtes Unbehagen stieg in mir auf – gleichzeitig aber auch eine Spannung, gemischt mit Unsicherheit. Das war doch wie eine Art Test von der Göre da neben mir auf dem Beifahrersitz, nach dem Motto: »Wer bestimmt hier – du oder ich?«

»In Deutschland gibt es seit einiger Zeit eine sehr strenge Anschnallpflicht«, fiel es mir glücklicherweise ein zu antworten. »Ohne Gurt erwischt werden bedeutet Geldstrafe.«

Doris klinkte maulig kauend die Vorrichtung ein.

»Habt ihr hier einen Polizeistaat?« fragte sie unwirsch.

Glücklicherweise ergab sich durch die Fahrt aus Hannover hinaus und Celle entgegen vieles, was sich ablenkend erzählen ließ. Ich hütete mich, den mir hingeworfenen Phil-Brocken aufzunehmen. Ich erzählte von mir, von meinem Leben und davon, was sie erwarte.

»Hast du auch einen Hund?« fragte Doris.

»Nein, nein«, lachte ich. »Wie sollte das gehen? Der wäre ja viel zuviel allein.«

»Aber ohne Hund bin *ich* dann allein!« erwiderte Doris mit entwaffnender Logik.

Das war das zweite Mal auf dieser kurzen Reise, daß mich ein Stich traf und gleichzeitig so etwas wie das Gedrängtwerden zu einer Abwehr. Da sitzt dieses Mädchen kaum neben der ihr total fremden Frau, die behauptet, ihre Mutter zu sein, und schon stellt sie einen Anspruch! Und was für einen! Einen, der für mich eine weitere, nicht weniger schwerwiegende Lebensveränderung bedeuten würde. Ein Hund in dem neuen Haus mit den makellosen Teppichböden!

›Paß auf! sagte eine warnende Stimme in mir; aber äußerlich blieb ich eine Weile einfach sprachlos – nein, besser wäre zu sagen: hilflos. Irgendwann fing ich mich ein wenig und antwortete: »Na, unentwegt bin ich schließlich auch nicht weg.«

»Nee, wirklich nicht?« kam es da spöttisch zwischen herabgezogenen Mundwinkeln hervor. »Das sagen immer alle: Bert, nachdem er den tollen neuen Job beim Metropolitan Museum of Art angenommen hatte, Claudi, nachdem sie Oberschwester geworden war. Alle sind angeblich immerzu da – nur meistens unsichtbar!«

Das stieß das Kind ironisch schon fast wie eine Kampfansage heraus.

Wie sollte ich dem begegnen? In mir stritten Ärger über Doris' Unverfrorenheit und Mitleid über die so offensichtlich gewordene Einsamkeit des Kindes miteinander; gleichzeitig kam alte Wut auf Bert hoch: Hatte er mir mein Baby nicht mit der Begründung geraubt, daß er die bessere Möglichkeit habe, es zu betreuen? Dennoch half mir dieser Gedanke, mich zu fassen und den Unmut gegen Doris zu überwinden. ›Bei mir soll sie es besser haben!‹ sagte ich mir.

Während ich dieses hier niederschreibe, wird mir darüber hinaus klar, daß diese positive Wendung meiner Gefühle etwas damit zu tun hat, daß sich mit Doris' Ankunft für mich noch etwas ganz Neues auftut: Ich habe an diesem Kind etwas gutzumachen – und dazu bekomme ich jetzt die Gelegenheit! Mir wird zum ersten Mal bewußt, daß es in der Tiefe meiner Seele immer ein schlechtes Gewissen gegen sie gegeben hat, ein Schuldgefühl, tief verdrängt zwar, weil es schließlich keinerlei Verbindung zu ihr gab, aber dennoch immer gegenwärtig. Es ist mir, als bekäme ich jetzt unverhofft die Gelegenheit, einen Druck tief innen loszuwerden, als gälte es, einen abgekapselten Tumor aus meiner Seele zu entfernen. Das ist ein geradezu befreiender Gedanke!

Empfindungen dieser Art machten mir den letzten Teil der Reise wieder leicht. Ich gab Doris vom Auto aus einen kleinen Voreindruck von unserer Stadt, fuhr mit ihr an der Praxis vorbei und chauffierte sie dann ein in ihre neue Heimat. Zumindest von dem Haus und ihrer kleinen Wohnung war sie dann doch wohl beeindruckt.

»Toll«, sagte sie erfreut, und für einen Moment schwand dieser maskenhafte Hochmut aus ihrem Gesicht, »das ist wirklich klasse, Mami!«

Oh, sie sagte ›Mami‹! Ich war ebenso überrascht wie gerührt, hatte ich ihr doch bereits angeboten, mich ›Britta‹ zu nennen. Spontan rannte ich auf sie zu und nahm sie in die Arme. Aber das mißlang. Sie machte sich ganz steif, nahm ihre Arme und stemmte sie abwehrend gegen meine Schultern. Einen Moment lang standen wir uns verblüfft und verlegen gegenüber.

»Na komm«, sagte ich dann ablenkend zur ihr. »Du wirst Hunger haben. Wir haben etwas für dich vorbereitet.«

»Wir? Was heißt ›wir‹?« fragte Doris auf dem ›qui vive‹, langhälsig wie eine Gans mit dem Fuchs im Visier.

Ich verstand sie sofort: »Bloß Frau Müller, die Zugehfrau, und ich«, konnte ich deshalb leichthin erwidern. Aber ich hatte doch ein neues Signal bekommen: So fragt ein gebranntes Kind, das die außerehelichen Liebesbeziehungen seiner Eltern verabscheut. Ich werde vorsichtig sein müssen!

Immerhin ließ Doris sich die Schnittchen schmecken, nippte am Fruchtsaft und fragte: »Hast du kein Bier?«

»Bier?« staunte ich, »du trinkst Bier?«

»Ja, gern«, freute sich das Kind an meiner Verblüffung.

Ich bot ihr statt dessen das vorbereitete Eis an, das sie mit offenkundiger Begeisterung genüßlich verzehrte. Danach entschloß sie sich, ein Bad zu nehmen. Das verstand ich nur allzu gut! Wie fühlt man sich in einem so wahnsinnigen, der Haut stramm aufsitzenden Lederzeug – mindestens doch wohl an die 15 Stunden lang darin eingezwängt? Scheußliches Ding überhaupt. Würde ich ihr wohl etwas Geschmack beibringen können? Aber ich hielt meinen Mund – wußte ich doch, daß mir mit Kleidung dieser Art in der Praxis nur allzu oft auch die verhärtete Seele von derlei Jugendlichen offeriert wurde – es sollte mir gewiß egal sein. Über Geschmack läßt sich nun einmal nicht streiten – und ich würde es auch mit Doris nicht tun!

Einerseits glücklich, andererseits angespannt, blieb ich im Wohnzimmer zurück. Ich mischte mir einen Drink, als ich merkte, daß das Bad kein Ende nahm. Immer neues Wasser wurde nachgefüllt, während aus Doris' Radio überlaut irgendwelche Songs herausdudelten. Nervös stellte ich den Fernseher an, um nicht unentwegt hinaufzulauschen; aber ich schaffte es nicht einmal, die Spätnachrichten konzentriert zu verfolgen. Schließlich ging ich hinauf und klopfte.

Doris lag bereits auf dem Bett und wippte zur Musik mit den Beinen. Sie schaute mir mit blanken glücklichen Augen entgegen, ja, sie stellte sogar das Radio ab und sagte: »Happy!«

Ich übersah geflissentlich, daß der Inhalt des großen Koffers über den ganzen Raum verstreut lag. Ich setzte mich zu ihr und sagt erlöst: »Ich auch!«, lüftete die Decke und deckte sie zu. Im Grunde hätte ich gern noch länger verweilt; aber auf einmal war das Gesicht wieder wie zugeklappt. ›Noli me tangere‹, schien es zu signalisieren.

»Du wirst müde sein«, sagte ich deshalb, »morgen ist auch noch ein Tag. Schlaf dich erst mal tüchtig aus. Frau Müller macht dir das Frühstück. Zum Mittagessen bin ich dann wieder bei dir.«

»Okay«, kam es matt.

Ich löschte die Deckenleuchte und ging leise hinaus.

# Eindrücke

## *Doris*

Doris schlägt die Augen auf und läßt den Blick durch das Zimmer schweifen. Sie braucht einige Augenblicke, um zu begreifen, wo sie ist. Schräg einfallende Sonnenstrahlen zeichnen Kringel auf ihre Bettdecke und lassen die Farbtöne in dem in Altrosa gehaltenen Raum warm aufleuchten.

Nicht schlecht, denkt Doris. Das neue Leben scheint ja ganz gut anzufangen. Sie schwingt die Beine aus dem Bett, steht auf, geht ins angrenzende Badezimmer. Neugierig mustert sie die weißen Kacheln und goldenen Installationen, die alle ein bißchen anders sind als in Amerika. Auch gestern beim Baden ist ihr das aufgefallen. Ist ja auch egal – Hauptsache, es funktioniert, und sie bekommt, was sie haben will! Immerhin scheint die noble Einrichtung ja darauf hinzudeuten, daß Britta gut bei Kasse ist.

Doris wandert barfuß in das angrenzende Wohn- und Arbeitszimmer. Der antike Sekretär erregt ihre Aufmerksamkeit, und sie spielt eine Weile an den Schlössern und Fächern herum, zieht die Schubladen heraus und streicht über die schräge Schreibplatte. Das Ding scheint eine Art Aufforderung zum Schularbeitenmachen zu sein, denkt sie voll Unbehagen. Neben der geblümten Couch steht eine Hifi-Anlage, am anderen Ende der Wand ein großes Fernsehgerät. Das findet Doris nun wieder gut, beschließt aber, sich erst einmal anzuziehen, bevor sie ihn ausprobiert.

Ohne viel nachzudenken greift sie nach den erstbesten Jeans, die ihr aus dem halboffenen Koffer entgegenquellen. Während sie sich damit abmüht, den Reißverschluß zu schließen, fällt ihr Blick auf die kleine Uhr, die auf dem Nachtschränkchen steht – 10 Uhr? Zehn Uhr vormittags – wie ist das nur möglich? Doris rechnet nach und findet heraus, daß sie fast elf Stunden geschlafen hat, ihr Körper aber noch an die US-Zeit angepaßt ist – und dort ist es immerhin erst vier Uhr morgens! Was hat Britta gestern noch gesagt? Ach ja, eine Frau Müller würde das Frühstück machen, und zum Mittagessen sei sie wieder da. Auch gut. Doris fühlt sich doch irgendwie verloren, ohne aber dieses Gefühl bewußt empfinden und benennen zu können.

Sie läßt also im Zimmer einmal alles so, wie es ist, und öffnet die Tür. Aus der Küche im unteren Geschoß dringt Töpfeklappern. Vorsichtig geht Doris hinunter.

»Hei«, sagt sie laut zu einer beleibten Gestalt. Diese fährt überrascht herum, mustert das Mädchen und sagt dann freundlich:

»Du bist schon wach? Ich hoffe, ich habe dich nicht aufgeweckt. Deine Mutter hat gesagt, du sollest schlafen, so lange du willst! Ach, übrigens, ich bin Frau Müller. Aber das weißt du wohl schon.«

»Ja, Britta hat's mir erzählt«, sagt Doris gleichgültig. »Was krieg' ich zum Frühstück? Ich habe einen Wolfshunger!«

Frau Müller lacht.

»Du kannst haben, was du willst«, sagt sie dann. »Bei uns sagt man zwar eher ›Bärenhunger‹ statt ›Wolfshunger‹, aber ich denke, ich weiß, was du meinst! Wir haben Schwarzbrot und frische Brötchen zu Hause, Butter, Honig und Marmelade, Käse und Schinken. Du kannst ein Müsli mit Früchten und Joghurt haben, aber auch Eier mit Speck. Und was willst du trinken? Kakao, Milch, Kaffe, Tee, frischen Orangensaft?«

Frau Müller hält inne und schaut Doris erwartungsvoll an. Eigentlich ein ziemlich blasses kleines Ding, denkt sie im stillen. Und irgendwie arrogant. Man kann sich vorstellen, daß sie ganz schön schnippisch werden kann. Und wie sie angezogen ist – so schlampig! Wenn das mal gutgeht – Frau Dr. Damann ist ja so modebewußt und diszipliniert …

»Ich will Eier mit Speck, dazu einen gebutterten Toast und viel Orangensaft«, sagt da Doris in ihre Gedanken hinein, »und ich möchte oben in meinem Zimmer essen.«

Sie dreht sich um und startet den Rückzug. So eine blöde Kuh! Wie sie sie angeschaut hat – als ob sie gleich an ihr herummeckern wollte! Mit etwas mehr Schlagfertigkeit hätte sie einen großen Pancake mit Maple Syrup verlangen und sofort verschwinden sollen … Doris hat nicht das wohlwollende Entgegenkommen in den Augen der anderen gesehen, nicht die Güte in ihrem Gesicht; die Mutter hat ihr zwar von der unerschütterlichen Treue erzählt, mit der Frau Müller das Haus betreut; aber was geht sie das an!

In der Küche hat Frau Müller inzwischen das Gewünschte gerichtet und kämpft nun mit sich, ob sie dieser unfreundlichen Göre das Essen auch noch nachtragen soll. Als sie grimmig nach dem Tablett greift, klingelt das Telefon. Frau Dr. Damann ist am Apparat.

»Wie geht es, ist Doris schon aufgewacht?« will sie wissen.

»Jaaa«, dehnt Frau Müller, »das Fräulein ist wach. Sie hat ihr Frühstück bei mir regelrecht bestellt und wünscht nun, es aufs Zimmer serviert zu bekommen.«

Ein gekränkter Unterton ist deutlich zu hören. Am anderen Ende der Leitung bleibt es einen Moment lang still. Es klingt fast so, als ob Britta nach Luft schnappt.

»Nun, tun Sie es ruhig«, sagt sie dann etwas gepreßt. »Vielleicht ist sie ja noch müde und will zurück ins Bett. Mit dem Essen wird es heute wohl später werden. Ich habe die Praxis voll und kann frühestens um halb drei da sein. Grüßen Sie Doris schön von mir!«

»Geht in Ordnung«, antwortet Frau Müller, die solche Aussagen längst gewohnt ist.

Dann klopft sie an Doris' Zimmertür. Das Mädchen hat es sich auf dem Sofa bequem gemacht und probiert die verschiedenen Fernsehprogramme aus. Rundherum schaut es aus, daß die penible Haushälterin regelrecht zusammenzuckt. Du liebe Güte! Sie stellt das Tablett ab. Doris sagt nicht einmal ›Danke‹. Statt dessen mault sie:

»Gibt es denn hier wirklich nur elf Fernsehkanäle? In den Staaten hatten wir über 30, und als wir dann auch noch die Satelliten dazubekamen, waren es 66. Was soll ich mit nur elf Programmen anfangen?«

Frau Müller hat keine Lust, sich dieser Diskussion zu stellen.

»Wenn du fertig bist, dann bring bitte das Geschirr nach unten«, sagt sie. »Ich muß jetzt fort. Deine Mutter kommt übrigens erst um halb drei Uhr und läßt dich grüßen.«

Rasch geht sie hinaus. Diesem Fratzen kann man doch nicht alles durchgehen lassen!

Doris verzehrt in großen Bissen schlingend ihr Frühstück und läßt ihre Gedanken schweifen. Ja, nun ist sie also wirklich hier – in Deutschland, in Celle, bei Britta. Bis jetzt gefällt ihr die ja ganz gut. Beim Autofahren gestern hat sie viel erzählt und ist nicht gleich mit einem ganzen Sack Fragen über Doris hergefallen, wie diese gefürchtet hat; es klang nett und sogar richtig fröhlich. Die Frage nach dem Hund hat sie allerdings etwas aus dem Konzept gebracht.

»Ich bin ja gespannt, wieviel Zeit sie wirklich zu Hause ist«, denkt Doris. Einerseits möchte sie möglichst viel in Ruhe gelassen werden, andererseits hofft sie schmerzlich darauf, daß Britta anders ist als Bert und Claudi und all ihre nicht gehaltenen Versprechungen von wegen Da-Sein und Zeit-Haben.

»Trotzdem möchte ich einen Hund haben«, sagt sie sich dann. »Einen, der mir allein gehört, den ich erziehen kann, einen, der nur auf mich hört, auf mich ganz allein! Groß und stark soll er sein, am besten wieder ein Labrador. Ich würde ihn Cäsar nennen ...«

Wie immer, wenn sie von einem eigenen Hund träumt, bekommt Doris' Gesicht einen weichen Ausdruck. Sie denkt an Hannibal und sein warmes, kuscheliges Fell. Das wieder ruft ihr Brittas gestrige verunglückte Umarmung ins Gedächtnis. Nein, Angefaßt-Werden mag sie nicht! Es ist gut, daß Britta das gleich kapiert hat. Nicht mal böse ist sie deswegen geworden, sondern hat sie gleich zum Essen abgeschleppt.

Apropos Essen: Britta hat ihr im Auto noch erzählt, daß es in Celle einige gute China-Restaurants gibt.

Doris liebt chinesisches Essen und hat gleich gefragt, ob sie da mal hingehen könnten. Dieses Celle aber ist ein komisches Nest. Die Straßen sind alle so eng, die Schaufenster der Geschäfte so klein – das hat sie sogar vom Auto aus bemerkt –, die Straßen- und Verkehrszeichen alle ganz ungewohnt. Irgendwie wirkt das ganze wie eine Kulissenstadt in einem alten Hollywood-Film. Die Autos sind auch so komisch, und die paar Menschen, die sie gestern noch auf den Straßen gesehen haben, waren irgendwie anders angezogen als Doris gewohnt ist, viel – ja, was? Viel weniger lässig, entscheidet das Mädchen. Hoffentlich gibt es irgendwo auch flippige Discos und Mega-Moovies, sonst wird sie hier ja total vor sich hinmodern müssen!

Doris geht zum Fenster und schaut hinaus. Eine Vorstadtstraße liegt ihr zu Füßen. Kein Mensch ist zu sehen. Gelegentlich fährt ein Auto vorüber. Ein Briefträger wirft die Post ein. Wie still es ist! Doris gähnt. Langweilig, triste!

Sie beschließt, einen Rundgang durch das Haus zu machen, inspiziert den Schlafraum und das Bad der Mutter – auch klasse, toll elegant! –, steigt zur Küche hinab und widmet sich dem Eisschrank. Rasch stopft sie sich zwei große Scheiben gekochten Schinken in den Mund, als habe sie seit Tagen nichts zu essen bekommen. Im Wohnzimmer findet sie eine Schachtel Zigaretten, steckt sich eine an und blättert lustlos in den Illustrierten, die herumliegen. Wie still auch hier, kein Geräusch – nicht einmal das Ticken einer Uhr.

»Ganz schön allein, was?« sagt sie sarkastisch zu sich selbst.

Ein lautes Bellen läßt sie aufhorchen. Gleichzeitig

hört sie, daß die Haustür geöffnet wird. Das Bellen dauert an. Eine Hoffnung steigt in Doris auf: Hat die Mutter ihr einen Hund mitgebracht? Hat sie diesen größten, diesen Herzenswunsch der Tochter erfüllt? Doris stürmt zum Flur hinaus. Jeden hündischen Vierbeiner hätte sie im Moment freudig empfangen, sogar einen Dackel, obwohl sie diese Rasse an sich nicht leiden mag.

»Hallo! Guten Morgen!« ruft Britta ihr fröhlich entgegen. »Bist du ausgeschlafen?«

Von Hund keine Spur. Doris merkt, daß das Bellen vom Nachbargrundstück kommt. Das Leuchten in ihren Augen erlischt.

# Versuche zum Eingewöhnen

## *Britta*

*16. 6. 90*

Ich sehe schon: Mein Tagebuch wird wohl eher so etwas wie ein Wochen- oder Monatsbuch werden. Zu erschöpft war ich in dieser Woche meist am späten Abend – zu ereignisreich waren die Tage, und zu sehr wurde ich von Doris in Anspruch genommen.

Bei meinen Bemühungen um ihre Einschulung wurde mir als erstes klar, daß der Zeitpunkt ihrer Übersiedlung eigentlich ungünstig gewählt war: In wenigen Tagen bereits beginnen hier die sechswöchigen Sommerferien! Erst im August kann es für sie einen geregelten Alltag geben! Was mache ich mit Doris in sechs langen Wochen Ferien? Mein eigener Urlaub mit Matthias – wie sehr freue ich mich schon auf die Ferien mit ihm auf Gran Canaria! – ist für Mitte August fest verbucht. Das läßt sich nicht rückgängig machen. Konnte ich etwa am Anfang des Jahres wissen, daß ich nun plötzlich eine Tochter bei mir haben würde? Nun, glücklicherweise ist sie ja doch einigermaßen selbständig; und die liebe Müllerin hat immerhin zugesagt, daß sie ihren Urlaub verschiebt – Gott sei Dank!

Trotzdem habe ich bisher nicht den Mut aufgebracht, ihr dieses Faktum mitzuteilen. Noch fühlt sie sich sofort verlassen, wenn sie im Haus allein ist. Ich hoffe, daß wir bis dahin ein Umfeld für sie zustande bekommen – über die Schule, durch Anschluß an Freundinnen und dergleichen. Freilich: Erst mal gab es da nur Probleme. In beiden Gymnasien winkten die Direktoren kopfschüttelnd ab, als sie die Schulnoten der letzten Zeugnisse in Augenschein nahmen. Es kommt nur die Realschule in Betracht. Doch die einzige, die das bedrückte, war allerdings ich. Doris saß – stoisch kaugummikauend – bei den Besprechungen mit den Schulleitern neben mir. Ihr schulischer Werdegang ist ihr anscheinend gänzlich gleichgültig.

»Schule ist doch einfach von vorn bis hinten doof!« kommentierte sie. »Bert hatte da auch immer einen Hang, sich aufzuregen und mich zu ›motivieren‹, wie er das vornehm nannte. Aber das kann'ste doch drehen wie du willst, es bleibt Scheiße mit all dem Quatsch, mit dem sie einen da vollabern, und den Zensuren, mit denen sie bei den kleinen Idioten Druck machen. Nee, da häng' ich mich gar nicht erst rein. Ich laß' mich doch nicht verrückt machen. Schule – die kann'ste nur abmachen – eben wie Scheiße.«

Ich war nicht nur sprachlos, als sie diese vernichtende Einschätzung von sich gab, ich bekam darüber hinaus einen tiefen Schreck. Doris würde im August in die achte Klasse eingeschult werden – bis zum Schulabschluß noch drei lange Jahre! Ich sah auf mich die mich schon jetzt überfordernde Aufgabe zukommen, diesen quasi absichtlich bockenden Esel zum Laufen zu bringen.

»Was seufzt du«, sagte Doris denn auch sofort süffisant, als habe sie meine Gedanken erraten, »wenn es nicht klappt, gehe ich eben anschaffen.«

Mir verschlug das abermals die Sprache. Aber genau das hatte sie natürlich erreichen wollen. Sie lag bei diesem Gespräch auf der Couch im Wohnzimmer, hatte sich wiedermal eine der Zigaretten geangelt, die auf dem Tisch lagen, und paffte unter amüsiertem Augenaufschlag vor sich hin. Ach, ach, meine Angst verwandelte sich unversehens in Wut. Ich riß ihr die Zigarette aus der Hand, zerdrückte sie im Aschenbecher und schrie: »Laß das! Ich verbiete dir ein für allemal das Rauchen!«

Sofort richtete Doris sich auf, stand mit eiskalter Miene auf und sagte im Hinausgehen: »Gewöhn's dir doch selbst erst mal ab!«

Die Tür knallte ins Schloß. Wenige Minuten später ertönte aus ihrem Zimmer dröhnender Hard-Rock. An diesem Tag war dann erst mal dicke Luft. Das heißt: Sie hat gar nicht aufgeguckt, als ich sie zum Abendessen bat. Sie lag auf dem Bauch und wippte mit dem Po zu einer Wahnsinnsgeräuschkulisse. Und ich saß appetitlos herum und rauchte wahrhaftig eine Zigarette nach der anderen! Verzweiflungsvoll. Dabei war das erste Wochenende mit Doris eigentlich recht vergnüglich gewesen. Zwar war sie bei der Besichtigung der Sehenswürdigkeiten von Celle ziemlich rasch ermüdet; aber um so erfreuter war sie über den Besuch im Fürstenhof-Restaurant. Sie war sogar dazu bereit gewesen, eine einigermaßen passable Hose und eine nicht ganz verwaschene Bluse anzuziehen. Auch der Ausflug in die Umgebung war immerhin akzeptiert worden; aber ob nun in Wienhausen oder Braunschweig – vorrangig beachtete diese meine Tochter McDonald's und dergleichen! Interesse für Kultur oder gar Bildung gleich Null.

Wut packt mich, wenn ich das bedenke. Ich möchte meinem Ex-Mann am liebsten schreiben, wie absolut mäßig ich das Ergebnis seiner Erziehung finde. Schließlich war auch so nicht gewettet worden: daß diese Claudi wieder berufstätig würde. Wer hat überhaupt das Kind betreut, als es klein war? Aus Doris war das nicht herauszubekommen. Personal wie Streusand scheint es da lediglich gegeben zu haben. Was für eine Verantwortungslosigkeit! Man merkt es Doris so sehr an, daß sich niemand wirklich intensiv mit ihr beschäftigt hat. Sie kann sich deshalb auch gar nicht allein konstruktiv beschäftigen. Sie dröhnt sich dann voll und langweilt sich dennoch dabei.

Jetzt beginnt sie bereits, auf dieses »blöde Kleinstadtkaff« zu schimpfen, in dem ja nichts interessant sei. Aber nicht Celle ist uninteressant, sondern Doris ist uninteressiert! Ich muß versuchen, das nachzuholen. Verschiedenes habe ich mittlerweile in dieser Hinsicht probiert: Ich habe ein Kartenspiel gekauft und sie zu Romee eingeladen. Das ging auch zunächst ganz gut – bis sie an einem Abend hoch verlor. Seitdem ist das aus: »Kleinkindertheater«, meint sie wegwerfend.

Ich habe sie gefragt, was sie in den Staaten in ihrer Freizeit gemacht habe.

»Gammeln«, gab sie provokant – aber doch auch irgendwie anklagend – von sich. Ich ließ es dabei nicht bewenden – und dann kam es heraus. Sie hatte angefangen: Volleyball, Tennis, Tischtennis, Rollschuh, Ballett – und alles wieder an den Nagel gehängt.

»Hier in Celle haben wir ein wunderbares Hallenbad. Wie wär's damit?« habe ich sie gefragt.

Prompt tönte es zurück: »Kommst du mit? Allein geh' ich nicht.«

Signal über Signal: Allein kann sie nämlich nicht!

Ich habe seufzend zugesagt, obgleich ich eigentlich am Wochenende hätte die Steuer machen müssen. Es war auch in der Tat ganz lustig, wenn mich Doris quirliges Toben im Wasser auch nervte. Aber hinterher gab es wirklich so etwas wie Entspannung und ein genußreiches Eisessen in der Caféteria.

Aber schließlich kann ich nicht jeden Tag mit ihr schwimmen gehen! Freilich: Zu Hause lasse ich sie allmählich nur noch ungern allein. Die Unordnung in ihrem Zimmer wird dann immer ärger – nicht nur mit ihren Sachen, sondern auch mit solchen, die sie sich von mir dazuholt: Zeitschriften, halbvolle Gläser mit Säften, Schminkutensilien. Aber auch im Haus hinterläßt sie Spuren: in der Küche Krümel, im Wohnzimmer Zigarettenrauch und nicht wieder eingeräumte CDs.

Bis heute habe ich das erst einmal alles so gehen lassen; aber irgendwann muß ich ja wohl anfangen, sie zu erziehen. Nur bin ich gänzlich ratlos, wie das nach den bisherigen Erfahrungen mit Doris gehen soll. Sie läßt sich ja überhaupt nichts sagen, ist vielmehr sofort tödlich beleidigt bei dem kleinsten Wort. Einmal ist mir der Einfall gekommen, sie einfach mit in die Praxis zu nehmen. Schließlich müßte sie das doch können: die Patienten zu registrieren und aus dem Wartezimmer ins Behandlungszimmer zu lotsen. Aber oje – das war ein fürchterlicher Reinfall! Schon am folgenden Tag waren alle frustriert – die Helferinnen ebenso wie die Patienten.

»Was haben Sie denn da jetzt für einen naseweisen Anlernling?« hatte eine alte Patientin kopfschüttelnd gefragt. »Hoffentlich nur auf Probe, die sollten Sie nicht nehmen, Frau Doktor, dieses schnippische Ding!«

Und eine der Helferinnen hatte sogar gedroht: »Die – oder ich!«

Sie hat eben überhaupt kein Benimm! Aber auch Doris selbst hatte sich nicht wohlgefühlt in der Praxis.

»Alles Blödmänner«, kommentierte sie abfällig, als wir nach Hause fuhren. »Damit verschon' mich bitte in Zukunft!«

»Was möchtest du eigentlich mal werden?« war es mir in diesem Zusammenhang eingefallen zu fragen.

Doris hatte nur mit den Schultern gezuckt.

»Weiß ich doch nicht«, hatte sie gedehnt erwidert, dann aber wie ungnädig hinzugefügt: »Vielleicht Model oder Kunstmalerin.«

So absurd ich den ersten Wunsch empfand, so sehr elektrisierte mich mit plötzlicher Hoffnung der zweite.

»Ja, malst du denn gern?« fragte ich.

Doris nickte.

»In den Staaten hat mir einer Glasmalerei beigebracht«, berichtete sie leichthin.

»Ja, aber das können wir doch hier fortsetzen«, drängte ich eifrig. »Komm, laß uns doch gleich ein wenig Material kaufen, wir haben da eine ganz interessante Spezialhandlung!«

»Kaufst du mir dann auch eine Staffelei? Und eine Palette? Und einen richtigen Malerkittel?«

»Warum nicht«, sagte ich in all meiner Verzweiflung. »Ich finde es wunderbar, daß wir endlich ein Hobby für dich gefunden haben!«

Seit gestern ist der Wintergarten nun zum Atelier umfunktioniert, und Doris hat alles, um nach Herzenslust drauflos zu arbeiten. Wird sie es auch tun? Alles will ich einstecken, um sie nur daran zu bekommen und zu ermutigen! Es muß doch irgendeinen Einstieg zum Positiven geben!

# Versuche zum Eingewöhnen

## *Doris*

Ärgerlich stöhnt Doris auf, als das Piep-Geräusch den Sendeschluß des TV-Kanals signalisiert. Mit der Fernbedienung checkt sie die anderen Programme durch, doch auch dort hat sie keinen Erfolg – überall nur noch das Testbild. Sie wirft einen Blick auf die Uhr – schon so spät? Nein, eigentlich eher so früh – relativ bald schon wird ihre Mutter aufstehen und dann ohne Frühstück in die Praxis fahren – »kein Frühstück – wegen der Linie«, wie sie immer sagt.

Doris dagegen schert sich keinen Deut um ihre »Linie« – die langen Fernsehnächte pflegt sie sich immer mit literweise Cola und Päckchen an Gummibärchen, Chips oder Popcorn zu versüßen. Manchmal ist sie so faul, daß sie keine Lust mehr hat, von der Couch aufzustehen, zu duschen und ins Bett zu gehen – sie schläft in eine Decke eingerollt einfach in ihren Jeans und T-Shirts. Am nächsten Tag kommt sie meist nicht hoch und pflegt erst kurz vor dem Mittagessen zerzaust und mißmutig bei Frau Müller zu erscheinen, einen Blick in den Kühlschrank zu werfen und mit irgendeinem Leckerbissen wieder nach oben zu verschwinden.

Diesmal schnappt sie sich eine ganze Packung Schinken.

»Den soll es doch heute abend zum Spargel geben«, protestiert Frau Müller lahm, hat sie doch in den letzten

Wochen längst die Erfahrung gemacht, daß solches Unterfangen gänzlich aussichtlos ist. Doris pflegt sie nicht einmal eines Blickes zu würdigen.

In ihrem Zimmer stopft sich das Mädchen die Scheiben gierig in den Mund, läßt sich dann wieder auf das Bett fallen und legt eine Rock-CD ein. Das Dröhnen der auf volle Lautstärke gestellten Anlage tut ihr gut; denn sie ist enorm wütend.

Sie ist wütend, weil es schon Anfang August ist und damit zwei verhaßte Ereignisse ins Haus stehen: Sie muß zur Schule gehen – und ihre Mutter wird mit ihrem Liebhaber, einem gewissen Matthias, einen mehrwöchigen Urlaub auf Gran Canaria verbringen. Dabei ist der doch so ein Lackaffe! Daß Britta das nicht merkt! Nun, sie selbst jedenfalls hat ihm gezeigt, was sie von ihm hält.

Die letzte Scheibe Schinken noch im Mund lacht Doris unwillkürlich auf, als sie sich an die Szene vor zwei Wochen erinnert. Britta war Mittwoch mittags nach Hause gekommen – mittwochnachmittags gibt es keine Praxis – und hatte sie schon beim Mittagessen gereizt beobachtet. Ob sie denn nicht wenigstens wie ein zivilisierter Mensch essen könne, hat sie giftig gefragt, und Doris ist ihr die Antwort natürlich nicht schuldig geblieben. Statt aber wie sonst vom Thema abzulenken, ist Britta einfach ausgerastet!

Eine ganze Liste von Meckereien hatte sie ihr vorgetragen: Doris habe keine Manieren, keine Disziplin und kein Taktgefühl; sie sei Doris' ständigen Saustall leid; sie habe die Nase voll davon, daß Doris Nacht für Nacht vor dem Fernseher hocke und dann nicht imstande sei, einen normalen Tagesablauf zu bewältigen; es reiche ihr restlos, daß Doris sich von ihren Sachen jederzeit nehme, was immer ihr in den Sinn komme, um es entweder gar nicht oder aber kaputt zurückzulegen; es sei völlig sinnlos, Doris mit teurem Geld alle Wünsche zu erfüllen – die große Staffelei z. B., was hat sie doch gekostet! –, da sie es ohnehin nicht zu schätzen wisse und alles nach kurzer Begeisterung in eine Ecke fliege; kurz: Doris sei einfach unerträglich und nicht auszuhalten!

»Und wenn du glaubst, daß ich mir das einfach so bieten lasse«, hatte Britta gekeift, »dann hast du dich getäuscht! Was glaubst du eigentlich, wer du bist? Mit welchem Recht stellst du mein Haus und mein ganzes Leben auf den Kopf, immer gerade so, wie es dir fünf Minuten lang paßt? Und hör auf der Stelle auf, so süffisant zu grinsen, sonst ...«

»Was sonst?« hatte Doris sanft erwidert und die Augen wie eine Katze zusammengekniffen. »Willst du mich etwa schlagen?«

Abrupt hatte Brittas Schimpfen aufgehört.

»Ich werde dich nicht schlagen«, hatte sie dann beherrscht gesagt. »Aber nimm bitte hiermit zur Kenntnis, daß ich im August einige Wochen verreisen werde. Und zwar nicht allein: Ich habe einen Freund, der mich begleiten wird. In den letzten Wochen habe ich ehrlich versucht, für dich da zu sein, und mein ganzes Privatleben zurückgestellt. Aber das tue ich nun nicht mehr. Im August hast du deine Schule, und Frau Müller wird sich um den Haushalt und das Essen kümmern, so wie bisher. – Ich erwarte von dir doch nichts Unmögliches, Doris«, hatte sie dann müde hinzugefügt, »ich weiß, daß du ganz andere Interessen hast als ich und andere Erwachsene. Aber ich hoffe doch sehr, daß du dich mit

Schulbeginn zusammenreißen und ein halbwegs normales Leben führen wirst!«

Doris hatte sich wortlos abgewandt und war nach oben gegangen …

Einige Stunden später war die Tür aufgegangen, und Britta hatte den Kopf ins Zimmer gesteckt: »Matthias kommt in einer Stunde zum Abendessen«, hatte sie gesagt. »Wenn du ihn kennenlernen willst, kannst du gerne runterkommen. Mach es, wie du willst.«

Und sie war verschwunden. Kein Bitten, kein Schmeicheln wie sonst oft – ›mach es, wie du willst‹.

Doris' Neugier war natürlich viel zu groß, als daß sie sich das hätte entgehen lassen. Sie wartete, bis die beiden mitten beim Essen sein mußten, und schlurfte dann nach unten, nachdem sie sich durchs Fenster vergewissert hatte, daß ein sündteurer silbergrauer Jaguar in der Einfahrt geparkt war.

»Hei«, sagte sie in den Raum hinein und angelte nach einem Stuhl, bevor der Besucher auch nur auf die Idee kommen konnte, ihr eine Hand zum Gruß entgegenzustrecken.

»Du bist wohl Matthias?« fuhr sie dann ungerührt fort. »Mußt ja saumäßig viel Geld verdienen bei dem Auto, das du fährst. Es gehört dir doch, oder?«

Der Angesprochene rang um Fassung. Britta – tödlich verlegen – mischte sich nicht ein. Matthias mochte etwa Mitte vierzig sein, ein gutaussehender schlanker Mann mit silbergrauen Schläfen. Als hochqualifizierter Jurist leitete er eine der größten Notariatskanzleien von Deutschland.

»Ja, das Auto gehört mir«, sagte er dann mit ruhiger Stimme, um Britta sein Verständnis zu zeigen. »Und du bist bestimmt Doris. Ich freue mich, dich kennenzulernen.«

Doris nahm mit zwei Fingern ihren Kaugummi aus dem Mund und fing an, ihn in der Hand herumzurollen und auseinanderzudehnen.

»Bist du eigentlich verheiratet?« bohrte sie dann unverfroren weiter. Die beiden Erwachsenen zuckten zusammen. Doris merkte es sofort.

»Und Kinder hast du wohl auch?« setzte sie süffisant hinzu.

Britta raffte sich auf.

»Ja, Matthias ist verheiratet und hat drei Kinder«, sagte sie mit unterdrückter Wut, »aber ich wüßte nicht, was dich das angeht! Wenn du mir einen Gefallen tun willst, dann geh jetzt bitte nach oben. Aber laß den Fernseher nicht wieder auf voller Lautstärke laufen!«

»Ach, wollt ihr etwa miteinander ins Bett gehen? Keine Sorge, ich stör' euch schon nicht!«

Doris grinste unverschämt und machte keine Anstalten aufzustehen.

»Raus jetzt«, japste Britta, »raus hier!«

Doris stand gelangweilt auf, klebte ihren spuckfeuchten Kaugummi an den Türrahmen und verließ langsam den Raum. Auf der Treppe hielt sie inne und änderte dann plötzlich die Richtung. Bestimmt stand der Typ voll auf sein schönes Auto – der sollte sie noch kennenlernen!

# Entfernungen

## *Britta*

*1. 2. 1991*

Mein Tagebuch – meine Klagemauer! Heute muß ich es wieder in Anspruch nehmen, um mir meine Unruhe von der Seele zu schreiben. Dabei waren die letzten Monate mit Doris keineswegs durchgängig beklagenswert. Das erste Zwischenzeugnis gestern ist zum Beispiel recht passabel – mit durchschnittlichen Noten, obgleich ich Doris kaum einmal arbeiten gesehen habe. Sie faßt offensichtlich rasch auf und hat ein gutes Gedächtnis. So hat sie den Anschluß in der Schule zustande bekommen.

Überhaupt brachte die von Doris so negativ bewertete Schule letztlich doch nach den ersten sehr angespannten Wochen eine Entlastung – jedenfalls für mich. Vor allem hat sie recht rasch Anschluß gefunden. Seit dem Urlaub in Gran Canaria ist am Nachmittag oft sehr viel mehr Leben im Haus. Schulfreundinnen besuchen Doris und fühlen sich im Appartement oben anscheinend recht wohl. Jedenfalls ertönt – zwischen der meist immer lauten Geräuschkulisse aus den Röhren – oft fröhliches Gelächter. In letzter Zeit kommen manchmal gleich mehrere – außer den Mädchen auch Jungen. Doris spricht nicht ohne Stolz von ihrer »Clique«. Mir kann das nur recht sein; denn wie wenig sie Alleinsein ertragen kann, das war mir in den ersten Wochen nur allzu deutlich geworden.

Die Clique ist dennoch nicht ganz ohne Besorgnis für mich: Immer öfter werden in jüngster Zeit Abendverabredungen getroffen. Ganz gegen ihre Gewohnheit richtet Doris sich dafür aufwendig her. Der Lederanzug ist wieder in den Vordergrund gerückt und eine für mein Gefühl geschmacklose Schminkerei: mit tief verschatteten Augen und weiß geschminktem Mund. Versammlungsort ist eine ziemlich verrufene Disko im Süden vor der Stadt. Natürlich gebe ich Doris eine Uhrzeit mit; aber das hat nicht viel Zweck. Sie kommt doch einfach heim, wann es ihr paßt. An den Samstagen ist das manchmal weit nach Mitternacht. Auch die Kumpel gefallen mir nicht alle. Besonders das Mädchen, an das Doris sich wohl am meisten angeschlossen hat, macht mir einen vernachlässigten Eindruck. Aber macht Doris einen besseren?

Es ist mir bisher nicht im mindesten gelungen, in dieser Hinsicht eine Änderung zu erzielen. Zwar habe ich sie bald dazu bringen können, einem Shopping-Vorschlag nach Hannover zuzustimmen. Aber wie sehr erstaunte ich, als sich zeigte, daß sie es nicht über sich brachte, irgend etwas zu akzeptieren! Wir rannten in den Kaufhäusern durch mehrere Abteilungen für junge Mode. Aber das meiste wurde schon auf der Stange verworfen. Einige Male schaffte ich es, sie einen hübschen Rock oder gar ein Kleid anprobieren zu lassen; aber das endete immer mit unfreundlichster Ablehnung. Selbst bei den Verkäuferinnen führte das zum achselzuckenden Wegwenden. Schlimmerweise wurde Doris' Laune bei diesen vergeblichen Versuchen immer schlechter – und mir saß der Unmut geradezu wie ein Kloß in der Kehle. Wie unverschämt sich die Kröte benahm! Da steht eine Mutter neben ihr, die bereit ist, all ihr morgens schwer verdientes Geld für die Tochter auszugeben. Das hält die freilich von vornherein für selbstverständlich und benutzt die ganze Aktion zu einer Kette von Mutter-Frustrationen!

Schließlich hat sie dann doch ein sündhaft teures Blouson gnädiglich angenommen – schwarz mit breiten Steppnähten – wie für eine Motorradbraut! Das hatten wir schließlich in einer exklusiven Boutique geschafft, wo die Verkäuferinnen wie Ölgötzen herumstanden. Eine hörte ich dann auch der anderen zuflüstern: »Typischer Fall von Verwöhnung durch steinreiche Mutter.«

Ist Doris verwöhnt? Sehr viel Gelegenheit habe ich dazu noch nicht gehabt. Aber sicher ist ihr doch anzumerken, daß sie in einem Haus großgeworden ist, in dem das Geld keine allzu große Rolle spielte. Aber daß das der alleinige Schlüssel für dieses frustrane Verhalten in den Geschäften ist, glaube ich dennoch nicht. Wohl will sie haben und entwickelt eine gewisse Neugier angesichts der Auslagen in den Schaufenstern; aber in dem Augenblick, in dem sie sich selbst im Spiegel gegenübertritt, ist es aus. Oder noch genauer: In dem Moment, in dem ihr Blick von dem neu erprobten Kleidungsstück auf ihr Gesicht fällt, entsteht diese abrupte Abwehr. Sie kann sich selbst nicht leiden! Sie akzeptiert im Grunde weder ihr Gesicht noch ihre Gestalt. Nun ist sie auch gewiß keine Schönheit, aber das hat auch sehr viel mit ihrer Haltung und ihrer Aufmachung zu tun.

»Könntest du es dir nicht vorstellen, daß wir mal eine neue Frisur probieren?« habe ich sie einmal vorsichtig gefragt.

Sofort ging sie in Igelstellung.

»Reicht es dir so nicht?« hatte sie lauernd gefragt. »Bin ich nicht der Typ für Matthias und nicht das Renommierstück bei deinen Freundinnen, wie du es dir gedacht hast, was?« kam es prompt.

Ich widersprach diesem Unsinn natürlich und wagte einen Vorstoß gegen ihre zugeklappte Seele:

»Nein, ich denke nur, du könntest dir dann vielleicht selber gefallen.«

Da riß Doris sich die Spange aus den Haaren, so daß sie strähnig herabfielen, und maulte: »Besser gefallen – bei solchen Haaren? Ja, du hast gut reden mit deiner Naturkrause, die immer sitzt! Die hättest du mir lieber vererben sollen! Statt dessen diese langweiligen, ewig fettigen Strähnen!«

»Die wären vielleicht nicht so, wenn du sie etwas öfter waschen würdest«, versuchte ich.

Damit hatte ich dann endgültig verspielt. Wie meistens endete auch dieser mein Versuch damit, daß Doris aus dem Zimmer rannte.

Ich habe viel über dieses Verhalten nachgedacht. Ich vermute, daß das Selbstverwerfen dazu führt, daß daraus eine Resignation erwachsen ist, besser: jeden Tag Resignation neu entsteht, nach dem Motto: »Dann eben nicht!« Eine Art Sich-Festbeißen in der Verweigerung, in der Verleugnung der eigenen Person. Das wiederum bewirkt, daß sie z. B. tagaus, tagein die eine durch und durch verdreckte Jeanshose, den einen allmählich total verschlotterten Pullover trägt, von der Unterwäsche ganz abgesehen.

Mir platzte der Kragen, als ich merkte, daß sie zu stinken begann. Da bin ich nachts, als sie schlief, hinaufgeschlichen, habe das verdreckte Zeug eingesammelt, stehenden Fußes in die Waschmaschine gesteckt, danach in den Trockner, und ihr dann leise, leise alles wieder vor die Füße gelegt – obgleich mich das den halben Nachtschlaf kostete. Was passierte am nächsten Morgen? Sie stürmte in mein Schlafzimmer und schrie: »Ich verbiete dir, in mein Intimleben einzudringen!«

Direkt zu reagieren war unmöglich, weil ich aus tiefem Schlaf kam und sie darüber hinaus wie üblich türenschlagend ebenso schnell wieder absauste, wie sie gekommen war. Aber dann bin ich doch erstmalig ihr nach und habe ihr einen Riesenkrach gemacht. Alles hatte sich so angestaut, und ich stand fest gegen ihre Tür gedrückt, so daß sie keine Chance hatte, mir zu entkommen. Daß das nichts, aber auch gar nichts mit »intim« zu tun hätte, sondern nichts als gemeine Rücksichtslosigkeit sei.

»Ich dulde es nicht, daß du mein Haus zu einer verdreckten Stinkhöhle umfunktionierst«, hatte ich geschrien und all die Widerwärtigkeiten draufgesetzt, so weit sie mir im Augenblick der Erregung einfielen. Dann raus so schnell wie möglich, während Doris mir nachrief: »Dann hol doch den Kammerjäger und laß mich gleich mit ausräuchern!«

Schwang da so etwas wie ein Schluchzen mit? Es war nicht klar erkennbar. Ich hatte auch keine Zeit zu weiteren Reaktionen, ich war ohnehin schon zu spät. Als wir uns zu Tisch wiedersahen, war ich zur Tagesordnung übergegangen. Merkwürdigerweise gab es jetzt gelegentlich aber doch so etwas wie einen mit Leibwäsche gefüllten Tuff – wenn auch im ganzen in dieser Hinsicht noch viel zu wünschen übrig bleibt.

Aber in diesen vergangenen acht Monaten habe ich es gelernt, meine Vorstellungen auf ein Mindestmaß zurückzuschrauben. Mir ist klar geworden, daß ich mir mit ständiger Konfrontation nur die Hölle einhandle. Und dazu habe ich neben der Praxis einfach nicht die Kraft. Mir ist auch klar, daß es mit Moralpredigten gewiß nicht getan ist. Der Schaden liegt schließlich tiefer. In mir ist ein Bedürfnis, die ganzen 14 Jahre auszulöschen und mit Doris noch einmal dort anzufangen, wo ich ihr über das Köpfchen gestreichelt hatte: mit dem 10 Tage alten Kind! Da müßte alles noch einmal beginnen! Aber wie mit einer nun bereits 15jährigen, die zu ihrer Mutter gar keine Bindung hat entwickeln können – und die keinesfalls jetzt in der Lage ist, sie einfach so aus dem Nichts heraus zustande zu bringen? Doppelt schwierig in einer Phase, in der alle hormonellen Weichen auf Loslösung aus den kindlichen Bindungen gestellt sind?

Der Skiurlaub in den Weihnachtsferien in Hofgastein war dennoch fast wie ein Anfang. Das Doppelzimmer, das ich aus Ersparnisgründen bestellt hatte – sie maulte nur kurz auf, als sie vor Ort vor die vollendete Tatsache gestellt wurde –, bekam ihr offensichtlich ebenso gut wie die viele Bewegung in der frischen Luft, der gemeinsame Skikurs, ihr sehr viel schnelleres Lernen mit bald besserem Laufen im Vergleich zu mir, die Nähe von morgens bis abends und von abends bis morgens. Sie war fast heiter, gelöst, gelegentlich sogar witzig, und so wäre es für mich fast schon wie ein Aufatmen gewesen – wenn ich es nur geschafft hätte, sie abends ins Bett zu bekommen!

Mich erschöpfte der Klimawechsel und die ungewohnt viele Bewegung. Doris wurde nach zehn immer munterer. Dann ging die Fernseherei los – und wenn ich mich schließlich hinlegte und protestierte, weil ich nicht schlafen konnte, verschwand sie plötzlich in die Bar, wo ich sie dann nach zwei Stunden wegholte – leicht angesäuselt und heiterster Laune, da sie mit zwei jungen Männern so erfolgreich geflirtet hatte!

Was blieb mir übrig, als mit ihr mit gemeinsam erstellten Programmen lange Nacht zu machen! Ich tat es gehorsam, wenn auch mit innerem Widerstand und obgleich der Tag durch das späte Aufstehen viel zu kurz wurde; aber ich mußte es doch versuchen, ihr Vertrauen zu gewinnen! Ich hatte eigentlich auch den Eindruck, als bekäme ich auf diese Weise gewissermaßen den kleinen Finger in die Tür ihrer Seele. Aber dann, am Abend vor der Abreise, wollte ich sie bewegen, mit mir zu normaler Zeit schlafen zu gehen, hatten wir doch die so lange Reise vor uns und mußten in aller Herrgottsfrüh aufstehen. Sie aber griff um 22.30 Uhr – plötzlich wohlgeschminkt, fast schon ein wenig hübsch in einer neu erworbenen, gegen alle Gewohnheit akzeptierten Seidenbluse – nach der Türklinke und erklärte: »Ich guck' noch mal« und war ›husch‹ davon, ehe ich widersprechen konnte. Und dann kam sie einfach die ganze Nacht lang nicht wieder!

Meine Ruhe war natürlich hin. Gegen ein Uhr stand ich auf und begann, sie zu suchen. Keine Doris, nicht in der Hotelbar, nicht in der Disko, nicht in all den vielen verschiedenen Weinstuben. Wo war sie hin? Es war viel zu kalt, um irgendwo im Freien zu verweilen. Voller Sorge kroch ich gegen drei Uhr wieder ins Bett und wälzte mich ruhelos. Ich muß aber doch eingeschlafen sein. Denn plötzlich saß Doris frisch und munter auf der Bettkante.

»Aufstehen, aufstehen, Schlafsuse«, rief sie, »sonst verpassen wir den Zug!«

»Wo kommst du her?« fragte ich verschlafen und erleichtert.

Nun, wer es fassen kann, der fasse es: Angeblich hatte sie mit jungen Leuten im Schwimmbad des Hotels an einer fröhlichen nächtlichen Wasserparty teilgenommen und war danach auf einer der Liegebänke eingeschlafen. ›Stimmte das wirklich?‹ fragte ich mich, ohne diesen Mißtrauensantrag laut zu stellen; denn ich hatte keine Lust, mir die ganze lange Fahrt durch Doris' Beleidigtsein zu vermiesen. Aber später erneuerte sich mir diese ungelöste Frage; denn Doris schlief von München bis Hannover so tief, daß das keineswegs auf eine gut verschlafene Nacht hindeutete. Ich hingegen hatte hinreichend Zeit zum Nachdenken. War denn nun auch diese intensive Bemühung gänzlich vergeblich geblieben? War diese letzte Nacht etwa Zeichen für ein aufkeimendes Gefühl von Gemeinschaft, von Gemeinsamkeit? Ganz gewiß doch eher das Gegenteil!

Die Januarwochen bestätigten denn auch diese Befürchtung. Doris ging viel aus. Wir sahen uns immer weniger, und wenn, dann stellte sie meist irgendwelche Forderungen, die mich beschwerten. So hatten wir in letzter Zeit zunehmend mehr Probleme mit Geld bekommen. Ich hatte ihr am Anfang ein Monatssalär von 50 DM zur Verfügung gestellt. Das war zwar offensichtlich meist schnell vernascht; aber sie nahm das zunächst hin. Seit aber die Clique in den Vordergrund ihres Lebens getreten war, kam sie mit immer neuen

Nachforderungen. Zunächst hatte ich dem unbesehen nachgegeben – schließlich sollte sie sich eingewöhnen –, aber vor allem nach Weihnachten weigerte ich mich, als sie ohne Angabe wofür, praktisch von Tag zu Tag mehr wollte.

»Wo läßt du all das Geld?« fragte ich irritiert.

»Hast du eine Ahnung, was eine Cola mit Schuß in der Disko kostet?« gab sie pampig zurück.

»Na, bestimmt nicht 30 DM«, wagte ich zu kontern.

»Ach, du bist von vorgestern, gib schon her«, antwortete sie.

»Nein«, sagte ich mit aufsteigender Wut. »In einer Woche ist Zahltag. Einteilen will auch gelernt sein.«

»Blöde Kuh«, schimpfte Doris, und weg war sie.

Ich würde mir diesen Dialog nicht so ausführlich in meine Erinnerung zurückrufen, wenn mich nicht heute abend eine neue Sorge angefallen hätte. Ich wollte für einen Schuhkauf am nächsten Morgen etwas Geld aus der Schatulle im Sekretär nehmen. Meiner Meinung nach enthielt sie DM 3000–, in drei gebündelten Hundertmark-Scheinen. Irgendwie kam mir das obere Päckchen aber plötzlich so dünn vor. Ich zählte. Es waren nur sechs Scheine. Begann ich, alt zu werden? Hatte ich eine Geldentnahme vergessen? Ich fiel ins Grübeln; aber da ich erst vorgestern das Geld von der Bank geholt hatte, konnte ich trotz schärfsten Nachdenkens nichts erinnern.

Nun kroch der Verdacht in mir hoch: Sollte Doris womöglich …? Aber die Kasse war verschlossen. Der kleine Schlüssel in der Seitentasche des Beauty-Case im Bad ist mein Geheimnis. Ich fühlte mich schier zum Platzen gespannt, als sich die Haustür öffnete. Doris war schon auf der ersten Treppenstufe, als ich ihr entgegentrat.

»Hei«, sagte sie erstaunt, »bist du noch auf?«

»Komm doch einen Moment herein«, sagte ich mit vor Erregung zitternder Stimme.

»Why that?« gab sie leichthin zur Antwort. »Ich bin müde.«

Aber bei mir mußte es heraus, ich mußte mich vergewissern, und so fragte ich: »Doris, in meiner Schatulle fehlen 400 DM! Kannst du dir das erklären?«

Doris schwang sich zwei Stufen auf einmal nehmend die Treppe hinauf. Oben auf dem Absatz drehte sie sich um und rief auf mich hinunter: »Was geht mich deine Kapitalistenpinke an? Kohle haste doch wohl genug, was?«

Weg war sie. Ich hörte, wie sie den Schlüssel im Schloß umdrehte.

Eine ihrer gewöhnlichen Unverschämtheiten? Oder doch ein schlechtes Gewissen? Deshalb vielleicht so besonders gemein? Nicht einmal richtig abgestritten hatte sie es, den Diebstahl begangen zu haben! Wohin treibt dieses Schiff? So kann ich die Sache doch nicht auf sich beruhen lassen! Als erstes werde ich vorsichtiger sein müssen mit dem Geld; aber darüber hinaus komme ich um eine harte Auseinandersetzung nicht herum. Oh, ich fürchte mich! Ich brauche Hilfe!

# Entfernungen

## *Doris*

In ihrem Zimmer angekommen, versperrt Doris blitzartig die Tür und steckt die Hand in den Zwischenraum zwischen Matratze und Bettlaken – Gott sei Dank, der letzte Hundertmarkschein ist noch da, Britta hat ihn nicht gefunden! Und ohne ihn gefunden zu haben, kann sie wohl kaum beweisen, daß Doris das Geld genommen hat... Sicherheitshalber nimmt Doris dieses aber trotzdem aus dem Versteck und legt es zwischen die Seiten eines ihrer Schulbücher. Man kann nie wissen!

Dann wirft sie sich auf die Fernseh-Couch und läßt ihrem schlechten Gewissen freie Bahn. Das ist doch wohl keine besonders gute Idee von Babs gewesen!

»Wenn deine Mutter dir nicht genug Geld gibt«, hat die gesagt, »dann mußt du's dir eben nehmen. Weißt du denn nicht, wo sie es aufhebt?«

Doch, Doris wußte es. Und sie wußte auch, wo der Schlüssel zur kleinen Schatulle versteckt war. Beim Stöbern in Brittas Schminksachen hatte sie ihn zufällig einmal gefunden.

»Nun hab dich nicht so«, hat Babs gedrängt. »Wir machen das doch alle so! Oder glaubst du etwa, unsere Alten geben uns freiwillig soviel Geld, wie wir verbrauchen? Ehrlich, ich kenne niemanden in der Clique, der nicht irgendwo klaut. Oder bist du womöglich zu feige dazu? Mann, Heino lacht sich krumm, wenn ich ihm das erzähle! Das Mädchen, das voll auf ihn steht, ist zu feige, um sich Geld zu beschaffen …«

»Schnauze«, hat Doris erwidert und sich irgendwie in einer heimlichen Sehnsucht geradezu bestätigt gefühlt. »Ich bin nicht zu feige – und ich tu's auch. Wirst schon sehen!«

»Na, ich laß mich überraschen«, hat Babs lässig getan und ist gegangen.

Am selben Nachmittag noch hat Doris mühelos die 400 Mark aus dem Sekretär der Mutter entwendet. Einen blauen Schein versteckte sie im Zimmer, die anderen drei klemmte sie unter das Bett, um am Abend der Clique zu imponieren. Das ist ihr auch mächtig gelungen!

»Du hast ja voll was drauf!« hat Heino anerkennend gesagt und seine Hand über ihren Rücken gleiten lassen. »Hätte ich nicht gedacht, ehrlich!«

Und Doris hat fast den ganzen Abend nur mit ihm getanzt. Die 300 geklauten Mark hat sie für Getränke für die ganze Clique spendiert – das Leben war schön und ein Kapitalistenschwein zur Umverteilung zu manipulieren allemal okay.

Um so ernüchternder dann der Empfang durch Britta.

»Scheiße«, sagt Doris laut vor sich hin. »Was nun?«

Sie denkt zurück an den Skiurlaub zu Weihnachten. Wie hat sie ihn genossen! Britta war locker gewesen und hatte sie als Erwachsene behandelt. Auch das gemeinsame Zimmer war keine so schlechte Einrichtung… Manchmal war Doris mitten in der Nacht aufgewacht, hatte die leisen Atemzüge der Mutter neben sich gehört und hätte – sich ankuschelnd – fast gesagt: »Halt mich fest!« – doch statt dessen hatte sie sich immer auf die andere Seite gedreht und weitergeschlafen.

Und auch die Abende waren toll gewesen: Manchmal war Doris alleine unterwegs – in der Bar, in der Disco, in einer Weinstube –, manchmal hatte Britta gemeinsam mit ihr etwas unternommen. Nur am letzten Abend hatte sie gestreikt und vor der langen Reise am nächsten Tag ihre Ruhe haben wollen. So hatte sich Doris eben allein auf die Socken gemacht. Zuerst saß sie eine Weile in der Bar herum, bis sie dann von zwei Typen, die sie vom Skifahren kannte, angeredet wurde: Im Pool fände eine feucht-fröhliche Wasserparty statt – ob Doris nicht Lust habe mitzumachen? Doris hatte Lust.

Anfangs war es ja auch ganz nett gewesen: viele junge Leute, viel Alkohol (den Doris sich ohne Hemmungen einverleibte – was sollten auch diese blöden Jugendgesetze!) und viel klasse Musik. Aber dann! Einige Mädchen und Jungen hatten sich plötzlich splitternackt ausgezogen und waren ins Wasser gesprungen, wo sie eng umschlungen miteinander zu schmusen begannen. Auch rundum hatten sich schnell Pärchen gebildet, die sich benahmen, als seien sie allein in einem Schlafzimmer. Doris war doch etwas mulmig geworden, und sie wollte gerade verschwinden, als sie von einem dunkelhaarigen Jungen angesprochen wurde.

»Hallo, du«, hatte er gesagt, »dir macht's wohl keinen Spaß alleine?«

»Nicht so ganz«, hatte sie unsicher erwidert. Der Typ sah vielleicht gut aus!

»Ich könnte dir Gesellschaft leisten«, hatte er vorgeschlagen.

»Okay«, hatte sie erwidert und im stillen gedacht: ›Warum muß ich den auch erst am letzten Abend treffen!‹

Doch keine zehn Minuten später hatte der Junge versucht, an ihr herumzufummeln.

»Laß das«, hatte sie sich empört, »was soll das denn?«

»Nun hab' dich doch nicht so«, hatte er schnaufend geantwortet, »du wolltest doch, daß ich dir Gesellschaft leiste!«

Sie hatte sich losgemacht und war weggelaufen. In einer der Umkleidekabinen war sie dann gesessen und hatte geheult wie ein kleines Mädchen, seinen Nachruf: »Blöde Zicke!« noch im Ohr. Und eine Erinnerung war in ihr aufgestiegen: das Gespräch mit Cindy – einige Wochen vor ihrer Abreise nach Deutschland. Cindy war ein Jahr älter als Doris und in den Staaten deren besten Freundin in der Gang gewesen.

»Hast du eigentlich schon mal mit einem Jungen geschlafen?« hatte sie einmal gefragt.

Doris war verlegen geworden. »Nein«, hatte sie erwidert, »und du?«

»Ja, natürlich, Kleines!« hatte Cindy gelacht. »Was meinst du wohl, wie viele Spitzentypen man auf diese Weise besser kennenlernen kann! Und ich meine – naja, in der Gang ist es soundso üblich, daß mal der eine mit dem anderen ... du weißt schon! Das mußt du doch gemerkt haben!«

»Und – wie ist es?« hatte sie Cindy dann kleinlaut gefragt.

»Wie soll es schon sein?« Cindy hatte sich die gefärbten Haare aus der Stirn gestrichen. »Die Jungs finden mich toll, und ich bin meist angeödet. Naja, ist nicht ganz wahr – allmählich macht es auch Spaß, besonders wenn wir was Neues ausprobieren.«

Solche Töne hatte Cindy von sich gegeben, und nun

saß Doris heulend hier, weil sie es nicht über sich bringen konnte, diesen dunkelhaarigen tollen Typen »näher kennenzulernen«. Sie war aber auch wirklich eine blöde Kuh!

Fast zwei Stunden waren so mit Heulen, Nachdenken und Vorsichhindösen vergangen, bis Doris plötzlich bewußt geworden war, daß es fünf Uhr morgens war. Was sollte sie Britta erzählen? Sie war immerhin die ganze Nacht weg gewesen! Doch dies erwies sich glücklicherweise als kein großes Problem: Sie habe an einer Wasserparty am Pool teilgenommen, sagte sie ihr, und sei danach auf einer Liege eingeschlafen. – Das stimmte zwar nicht ganz, aber immerhin fast ganz. Britta hatte ihr einen undurchdringlichen Blick zugeworfen, aber nicht weiter nachgebohrt oder die Beleidigte gespielt. Eigentlich famos von ihr! –

Doris schrickt aus ihren Erinnerungen auf und wirft einen Blick auf die Uhr – schon so spät! Nun, sie ist ja auch erst nach Mitternacht nach Hause gekommen. Vom Hochgefühl des tollen Abends ist nicht viel übrig geblieben. Aber immerhin – Heino hat heute fast ausschließlich mit ihr getanzt. Und Doris hat dabei gespürt, daß er im Grunde mehr will …

»Wenn bloß Cindy hier wäre«, denkt Doris laut.

Aber was soll's. Sie ist schließlich über fünfzehn … Wenn Heino mit ihr schlafen will, wird sie bestimmt keine Einwände erheben! Und dann wird er zu ihr gehören, und niemand wird ihn ihr mehr wegnehmen können! Beschwingt von diesen Gedanken streift Doris ihre Kleider ab und legt sich nackt aufs Bett. Sie will Heino haben – alles andere ist unwichtig! Ihr echtes Zuhause ist schließlich die Clique, nicht diese Nobelzimmer bei Britta. Heino wohnt ganz anders. Heinos Eltern sind »Aussteiger«, wie sie selbst von sich behaupten. Sie hausen in einem halb verfallenen Bauernhaus und sind auf »Ökotrip«, leben mit Stallvieh unter einem Dach und weigern sich, einer geregelten Arbeit nachzugehen.

»Von diesem Scheiß-Staat und den Kapitalisten-Schweinen lasse ich mich doch nicht ausbeuten!« pflegt Heinos Vater regelmäßig zu sagen. Gelebt wird von der Sozialhilfe.

Doris träumt mit offenen Augen vor sich hin. So möchte sie auch leben! Warum auch nicht? Sie wird mit Heino zusammenziehen, gemeinsam werden sie ein tolles Leben führen, mit vielen Tieren (natürlich auch mit mehreren Hunden!) und mit der ganzen Clique. Es wird alles wunderbar sein! Und in ein paar Jahren werden sie dann vielleicht sogar gemeinsam nach Kanada gehen und dort eine Husky-Zucht aufmachen …

Irgendwann schläft Doris ein.

# Haß und Entsetzen

## *Britta*

*24. 12. 91*

Ich brauche einen Tröster! Liebes Tagebuch, wenn du auch mehr als ein dreiviertel Jahr verschlossen bliebst, heute möchte ich bei Dir Besinnung suchen!

Was für ein Jahr! Was für ein Abend! Eigentlich habe ich ja seit meiner Studentenzeit keine Beziehung mehr zum Christentum. Ich bin damals unter dem Einfluß meiner atheistischen Kommilitonen aus der Kirche ausgetreten. Vor allem aber das mir als angehender Naturwissenschaftlerin immer fremder werdende Glaubensbekenntnis war der entscheidende Grund. Aber Weihnachten aufzugeben – das fiel mir irgendwie schwer. Als Dank- und Schenkfest für Freunde – einmal in meiner jungen Ehe sogar auch als strahlendes Fest gegenseitiger Beglückung – haben wir es doch stehen lassen. Im vergangenen Jahr, dem ersten Weihnachten mit Doris, habe ich sogar einen Tannenbaum aufgestellt, und ich habe mir eine Menge einfallen lassen, um sie zu erfreuen, zumal sie auch noch am ersten Weihnachtstag Geburtstag hat. Diesmal aber ist das nun alles ausgefallen!

Gestern schrie Doris oben vom Treppenabsatz her zu mir herunter: »Und damit du es gleich weißt: Dein ›Kling, Glöcklein, klinge-linge-ling …‹ kannst du dir sparen! Ich geh' morgen mit der Clique aus und bin bestimmt erst nach meinem 16. Geburtstag wieder hier.

Deine sogenannten Geschenke kannst du dir an den Hut stecken!«

»Und ich schmeiß dich raus, wenn du so weiter machst«, habe ich zurückgeschrien, »geh doch dahin, wo du hergekommen bist!«

Kurze Zeit danach das Knattern von Motorrädern. Doris rannte türenschlagend raus. Vom Küchenfenster aus sah ich, wie sie einem ihrer Helden einen Kuß gab und sich im zünftigen Dress auf den Rücksitz schwang. In der Ferne verhallte das Rattern der schweren Suzukis. Die Müllerin legte mir die Hand auf die Schulter: »Weinen Sie doch nicht, Frau Doktor«, sagte sie, »Sie haben doch so recht, die ist verdorben. Man kann sie wirklich nur rausschmeißen!«

Aber ich rannte ins Schlafzimmer, warf mich aufs Bett und heulte erst mal stundenlang. Ich will sie doch nicht rausschmeißen! Ich will mich als Mutter bewähren! Ich will auch etwas wieder gutmachen! »Meine Schuld, meine Schuld, meine große Schuld«, hämmerte es in mir – und erst als ich mich ein wenig erholt hatte, fiel mir ein, daß das ja der Text aus dem katholischen Meßritus ist!

Gegen Abend ist es mir dann gelungen, einen fingierten SOS-Ruf an Matthias zu senden. An sich ist das tabu. Ich vermeide, mit seiner Privatsphäre in Beziehung zu treten. Und die Weihnachtstage gehören ohnehin strikt seiner Familie. Er kam denn auch am 24. morgens mit fliegenden Rockschößen kurz noch mal vorbei. Wie enttäuscht über den Anlaß ließ er sich in einen Sessel fallen: »Ach, wieder nur deine Kröte, immer nur diese Kröte – Doris, Doris, Doris ...! Merkst du nicht, wie mich das nervt? Ich bin für diese Göre nicht verantwortlich. Du bist ja schon gar nicht mehr die Britta, die ich lieben lernte! Völlig im Clinch mit dieser US-Puppe! Schick sie zurück, und wenn du das nicht willst, nimm das Jugendamt in Anspruch und gib sie ins Heim. Du hast ja ohnehin die Kontrolle längst verloren! So kann man das doch nicht machen!«

Matthias war aufgesprungen und rannte erregt schimpfend im Wohnzimmer hin und her, während ich in mein Taschentuch hineinschluchzte. Aber plötzlich verwandelte sich meine Hilflosigkeit in Wut auf Matthias: Was fiel dem ein, in dieser Situation auch noch mich fertig zu machen! Toller Partner! Typisch Mann! Ich sprang auf.

»Mach, daß du rauskommst!« schrie ich, und als er dieser Aufforderung verstummt nachkam, brüllte ich hinter ihm her: »Und fröhliche Weihnachten mit deiner Superfamilie!«

Eine zuschlagende Autotür, Motorengeräusch – in der Ferne verstummend. Weihnachten kann beginnen!

Auf einmal ist mir, als sei mir ein schöner Schleier entrissen worden, der Vorhang einer großen Illusion: einen Freund zu haben, einen Beschützer, einen ebenso liebenswerten wie tüchtigen Mann an der Seite, einen aufmerksamen und zärtlichen Liebhaber. Heute hat er sein wahres Gesicht gezeigt. Er hat die entscheidende Bewährungsprobe nicht bestanden. Nur als die sorgsame kultivierte Gastgeberin, als die strahlende Geliebte war ich ihm genehm. Alltag – Probleme – dafür war ich eben nicht vorgesehen. Die erste Gelegenheit benutzte er zu einem gänzlich uneinfühlsamen, kalt-rücksichtslosen Auftritt, wozu wohl? Nur weil die Unlust einmal die Lust überwog? Viel eher doch wohl, weil ihm längst sein schlechtes Gewissen die Laune an der Beziehung zu mir verdarb und Doris als ein nicht unbeträchtlicher Risikofaktor hinzugetreten war. »Es ist aus!« wird mir in diesem Augenblick klar. Ich werde Matthias nie wiedersehen können.

*Erster Weihnachtstag, 25. 12. 91*

Die neue Einsicht hat mich gestern einige Stunden ruhelos durchs Haus gejagt. Ich habe mir Eis-Drinks gemischt und dabei die Finger blutig geschlagen. Im Bad – im Medikamentenschrank auf der Suche nach einem Pflaster – fiel mir das Morphium ins Auge. Einen Moment lang stieg der Gedanke in mir auf, Schluß zu machen. Warum eigentlich nicht? Ich schaute in mein verheultes Gesicht. Hing ich am Leben? Reichte die viele Schufterei in der Praxis als Lebenssinn aus? Ich rannte weg aus dem Bad wie von einer Gefahrenquelle, von einer Versuchung, der ich nicht widerstehen würde, wenn ich ihr nachhinge.

Doris – war sie denn wirklich gar nicht zu retten? Ich ging mit schon ein wenig schwankenden Schritten nach oben und betrat ihre Behausung. So konnte man das einst so gepflegte Appartement eigentlich nur noch nennen; denn Doris hat ihre kleine Wohnung richtig verkommen lassen und eher in eine Räuberhöhle verwandelt. Frau Müller weigert sich längst, die Räume auch nur zu betreten.

Und nun, mein liebes Tagebuch, staune, wie ich mich zurückgeholt habe und jetzt hier mit dir an Doris' Geburtstag ganz gepflegt an meinem Schreibtisch sitze, mit der Absicht, einen Rückblick auf das Leben mit Doris in diesem Jahr niederzuschreiben. Nun?

Ich habe die Weihnachtsnacht dazu benutzt, Doris' Räume blitzsauber zu machen, aufzuräumen und unter den lauten Klängen von Weihnachts-Chorälen Schränke aus- und wieder einzuräumen, stundenrund Flecken zu entfernen und ein Bett neu zu beziehen. Ich habe geschluchzt, gesungen, gewütet. Ich habe stinkende Höschen und sperrige Handtücher in die Waschmaschine gesteckt, leere Zigaretten- und Anti-Baby-Pillen-Schachteln samt den »Bravos« und vergammelten Bonbontüten in den Reißwolf befördert, und dabei wurde ich in all meiner Verzweiflung dennoch irgendwie freier. Ich tat etwas! Ich muß mehr für Doris tun, war die Bilanz dieser Nacht. Dann duschte ich mich heiß ab – ich glaube, die ganze Matthias-Affäre ging dabei von mir ab –, und dann habe ich doch tatsächlich geschlafen.

Als ich aufwachte, war ich wie erholt. Hatte mich Weihnachten erholt? War doch etwas dran an diesem Mysterium? Jedenfalls ist auf einmal so etwas wie neue Hoffnung, wie Kraft in mir. Gewiß, meine Situation mit Doris kann düsterer nicht sein; aber ich muß einen neuen Anfang machen! Ich darf nicht aufgeben!

Im Rückblick auf dieses Jahr ist zu vermerken: Ohne daß ich es zunächst wahrnahm, hat es allmählich immer mehr Entfernung statt Annäherung an mich und Gewöhnung an unser gemeinsames Leben gebracht. Der nie zugegebene Diebstahl hatte das Seine wohl dazu beigetragen. Sorgsam hielt ich mein Portemonnaie unter Verschluß. Die Schatulle war in den Safe gewandert. Den einzigen Schlüssel trug ich bei mir. Und doch blieb das alles zwischen uns: mein Mißtrauen, ihr schlechtes

Gewissen, die unbereinigte Sache, die Notwendigkeit der Verleugnung, die geheime Rechtfertigung der Gemeinheit durch Überkritik an mir. Außerdem stand die Unehrlichkeit jederzeit als neuer Verdacht im Raum. Eine Brosche fehlte. Hatte ich sie wirklich verloren? Oder...? Der Photoapparat war unauffindbar. Gab es Verwendung dafür in der Clique?

Überhaupt diese Clique. Immer stärker wurde der Einfluß ihrer Freunde. Was mich zuerst entlastete, wurde für mich zunehmend zu neuer Sorge. Da war vor allem dieser Heino. Zuerst, als er in der Gruppe auftauchte, habe ich ihn nicht weiter wahrgenommen. Die haben alle diese häßlichen Schlägermützen auf, die das Gesicht mehr oder weniger verdecken; in dieser Aufmachung ist soviel Uniformität, daß sich für mich eine Person dahinter gar nicht recht herauskristallisieren wollte. Aber dann tauchte er gelegentlich allein auf – von der mit Gezwitscher herabspringenden Doris liebevoll empfangen. Zwei wäßrige Augen in einem blassen Gesicht schauten grundsätzlich mehr an mir vorbei, statt mich an. Unter zwei leicht verpickelten Wangen eine mäßige Rasur bzw. ein nicht ganz ausreichender Drei-Tage-Bart, in den Ohren einer dieser schäbigen Rundringe.

Irgendwann nahm er die Mütze ab – nicht etwa, um mich zu begrüßen, sondern wohl nur, weil er sich kratzen wollte. Da erschrak ich so richtig. Er trägt den Kopf kahlgeschoren, nur auf dem Scheitel hat er so etwas wie einen Hahnenkamm von Haaren, der zu einem Zopf geflochten und am unteren Ende mit einer Spange gehalten wird. »Wie muß man sich fühlen, um sich eine solche Frisur zuzulegen?« überlegte ich mir.

Auf jeden Fall muß dieser Junge ein ähnliches Minderwertigkeitsgefühl wie Doris haben, um sich so zu verunstalten. Wie bei Doris schien bereits die Aufmachung zu signalisieren: »Ihr mögt mich ja doch nicht. So will ich euch gleich und erst recht dazubringen, euch zu verpissen!« –

»Gleich zu gleich gesellt sich gern«, dachte ich, als ich Gelegenheit bekam, ihn etwas näher in Augenschein zu nehmen. Aber mir gefiel das Pärchen dennoch nicht. Förderlich konnte der Umgang mit diesem Rowdy für Doris doch wohl nicht sein. Was machten sie, wenn er in ihrem Zimmer verschwand? Die Musik dröhnte, der Eisschrank klapperte. Doris servierte Bier, viel Bier in Dosen, die sie selbst besorgte – oder manchmal auch Cola.

Schweren Herzens entschloß ich mich eines Mittwochnachmittags zu einem Gespräch mit Doris; denn an den Wochenenden war praktisch keine Gelegenheit zu dergleichen. Da war immerzu action mit der Clique angesagt.

»Du magst den Heino, ja?« fing ich vorsichtig an.

Doris ging sofort in Habt-Acht-Stellung.

»Klar«, entgegnete sie immerhin jovial, »er ist ein toller Typ, der netteste aus der Clique.«

»Wo kommt er her«, wollte ich wissen, »hat er Eltern, bei denen er wohnt?«

»Weiß ich nicht so genau«, wich Doris aus, »jedenfalls spielen die keine Rolle, sind auch irgendwie geschieden oder so ähnlich. Warum willste das überhaupt wissen? Geht dich doch einen feuchten Käse an!« muckte sie dann auf.

»Na, eine Mutter darf doch wohl wissen, was das für einer ist, den ihre Tochter liebt«, antwortete ich unsicher.

»Liebt, liebt«, äffte Doris nach. »Wir mögen uns halt, und Heino steht toll auf Sex.«

Da war es heraus. Die Lust am Provozieren hatte Doris' Bedürfnis, sich abzuschotten, überrumpelt. Einen Moment lang war sie verwirrt, und so konnte ich zur Sache kommen:

»Ihr schlaft miteinander?«

»Klar doch«, gab Doris zurück, »willst ausgerechnet du mir das verbieten?«

»Davon ist doch überhaupt nicht die Rede gewesen«, verteidigte ich mich schwach, »aber ich fände es nicht sonderlich angebracht, jetzt bereits Großmutter zu werden. Nimmst du die Pille?«

»Ach, Quatsch«, kam es gedehnt. »Wir passen schon auf!«

»Na, du, da hab' ich aber genug Mädchen in der Praxis gehabt, die zu spät merkten, daß das nicht ausgereicht hat!«

Doris lenkte ein: »Meinst du, Ma (sie sagte Ma!), man sollte das ins Auge fassen? Ich bin echt tierisch in Heino verliebt, da vergeht einem die Lust am Aufpassen!«

»Ich werde dir welche mitbringen«, versprach ich ihr. »Es gibt ja jetzt die neue Sorte mit sehr wenig Östrogen. Die wird dir schon bekommen – und sonst mußt du's sagen. Nur, Doris: Du mußt sie wirklich ganz genau Tag für Tag regelmäßig nehmen, am besten morgens zum Frühstück. Soll ich sie dir abends bereitlegen?«

»Nun hör aber auf«, wehrte Doris ab, »ich bin doch kein Kind mehr!«

Und so ließ ich sie! Ach, wäre ich doch beharrlich geblieben, hätte ich doch nur darauf bestanden, die Sache in der Hand behalten zu wollen. Ich kannte doch Doris' Unordentlichkeit!

Eigentlich war der Sommer sonst so ganz manierlich verlaufen. Die Versetzung hatte sie trotz ihrer vielen Aushäusigkeit geschafft. Gebranntes Kind – wie ich durch ihre Ferienenttäuschung vom letzten Jahr war – hatte ich diesmal meinen Urlaub in ihren Sommerferien genommen und war mit ihr nach Monaco gefahren. Ein wenig abenteuerlich hatte ich die Reise geplant – im Auto durch Frankreich: Paris, die Schlösser an der Loire, das Rhône-Tal, Marseille, Nizza. Dazu hatte sie ja gesagt; denn die Jungs der Clique machten irgendwelche Wildwasserrennen in Canada. Das war denn doch nicht nach ihrer Mütze.

Der immer neue Reiz war offensichtlich auch aufhellend für Doris. Erst recht genoß sie das Leben in luxuriösen Hotelzimmern, und auch mein neues Cabrio diente zur Erheiterung ihrer Stimmung. Sie ließ die Schals flattern und flirtete halb stehend mit jungen Leuten in anderen Wagen vor, hinter und neben uns. Im Rückblick muß ich sagen: Näher brachte mir auch diese Reise Doris nicht. Und als wir heimkamen, galt ihre erste Aktion dem Telephon. Stehenden Fußes verabredete sie sich mit Heino, mit Babs und den anderen.

Aber nie vergessen werde ich den trüben letzten Novembersonntag. Ich war mit Matthias ausgewesen und hatte lange geschlafen, dann ein Bad einlaufen lassen und eine Weile still und regungslos die Wärme des Wassers genossen. Da hörte ich – es erstaunte mich, daran zu erkennen, daß Doris überhaupt da war – in ihrem Bad über mir merkwürdige Geräusche. Hustete sie? Dann wurde die Toilettenspülung betätigt. Als ich noch im Morgenmantel in die Küche kam, um mir einen Kaffee zu machen, saß sie da vornübergebeugt am Tisch und schaute mir mit kreideweißem Gesicht entgegen.

»Hei«, sagte sie merkwürdig freundlich.

»Was ist«, fragte ich verschreckt, »ist dir schlecht?«

Sie nickte: »Ja, sehr. Ich muß wohl die Cola gestern nicht vertragen haben.«

In mir raste es: Hatte sie Drogen genommen? Oder, oder …

Wie zur Bestätigung hauchte das Mädchen ganz kleinlaut, ganz devot: »Ich bin überfällig.«

»Seit wann?« fragte ich und angelte nach einem Stuhl, weil mir die Knie weich wurden.

»Seit drei Wochen oder so ähnlich«, erklärte Doris.

»Ja, hast du denn die Pille nicht genommen?« fragte ich.

»Doch, immer«, behauptete sie.

»Na, wie dem auch sei«, sagte ich ebenso elektrisiert wie mißtrauisch. »Ich hole sofort einen Test. Noch heute haben wir Gewißheit.«

Ja – die hatten wir dann.

»Und nun?« fragte ich bleischwer unter dem Schock zu Doris hinüber, die zusammengesunken auf dem Stuhl im Badezimmer saß, während ich das blaugefärbte Reagenzglas in der Hand hielt.

»Ich muß mit Heino reden«, antwortete Doris blaß und kleinkindhaft, »vielleicht heiratet er mich ja!«

»Wovon wollt ihr leben?« fragte ich eiskalt vor innerer Verwundung.

»Na, die haben ja eine Landwirtschaft«, rückte Doris heraus. »Vielleicht kann ich da mitmachen.«

Sie stand auf.

»Heino holt mich sowieso gleich ab. Vielleicht kann man in seiner Familie darüber beraten.«

»Aber beratet nicht über Wochen und Monate«, gab ich lakonisch zu bedenken.

»Was willst du damit sagen?« empörte sich Doris.

Ich zuckte mit den Schulter.

»Alternativen gibt's dann nicht mehr!« versuchte ich eine sachliche Nüchternheit an den Tag zu legen. »Ich jedenfalls kann so ein Bankert nicht neben meiner Praxis aufziehen!«

Keine Antwort, zwei Minuten später fiel die Haustür ins Schloß. Mit dem ungeliebten Fahrrad sauste Doris davon.

»Dem künftigen Vater Heino entgegen«, dachte ich zynisch noch unter Schockeinwirkung.

Aber dann setzte auch bei mir der Katzenjammer ein. Ja, was denn nun wirklich? Ein Kind – zu Beginn von Doris' 10. Klasse würde es geboren werden. Das heißt: Vielleicht würde sie gar nicht erst die Versetzung schaffen. Das hieße Verlängerung der Schulzeit um weitere zwei Jahre!

Und wer sollte das Kind pflegen? Wenn ich mir Doris als Mutter eines Säuglings vorstellte, befiel mich Grauen. Noch ein Neuaufguß einer Produktion mit den Symptomen vernachlässigter Betreuung?

Abtreibung statt dessen? Aber warum mußte ich ihr diesen meinen Gedanken gleich so massiv signalisieren! Das war gewiß falsch gewesen. Nun würde sie sich allein aus Opposition entschließen, es auszutragen. Aber schließlich war sie noch nicht volljährig. »Hatte ich dann nicht doch bei so schwerer Entscheidung zu bestimmen?« dachte ich.

Abtreibung! Ach, taugen tut das wirklich nicht! Wie oft sah ich bei den Mädchen dann doch gynäkologische Schwierigkeiten hinterher, wie oft doch auch den späten Brustkrebs danach. Diesen Verdacht hatte ich bei meinen langjährigen Patientinnen immer schon gehabt, längst bevor sich das jetzt wissenschaftlich erhärtet hat. Abtreibung – eine kaum zu verantwortende Alternative! Und vor allem: Dann bitte übermorgen und keinen Tag später, dachte ich noch einmal, um mich selbst zusätzlich unter Druck zu setzen.

Ich war noch wach, als Doris kleinlaut und verheult zu mir ins Schlafzimmer geschlichen kam.

»Sie wollen nicht«, schluchzte sie, »Heino schon eher; aber er kann ja nichts machen. Wovon soll er das Kind ernähren? Aber die Frau auf dem Ökohof ist gar nicht seine richtige Mutter. Die ist irgendwie weg. Die und sein Vater, die haben nur empört die Hände gerungen. –

»Na, wo kommen wir denn da hin?« hat die Frau gesagt. Und der Ökomensch hat hinzugefügt: »Deine Mutter ist doch Ärztin. Für die ist das doch ein Klacks! Ihr seid ja noch Kinder und noch nicht mal trocken hinter den Ohren! – He, hätt'ste nicht aufpassen können?« hat der Vater seinen Sohn angeschnauzt.

Heino hat erwidert, ich hätte ja die Pille genommen, und die Frau hat gefeixt: »Aber wohl bloß jeden dritten Tag! Da seht mal zu, wie ihr das wegbringt«, hat sie gesagt, »was man sich einbrockt, muß man auch auslöffeln.«

Vor der Tür hat Heino selbst sich auch gleich davongemacht. »Sieh mal zu«, hat auch er gemeint. Oh, Mami«, beendete Doris ihren selten beredten Bericht und warf sich mir über das Bett in die Arme. Ich schob sie beiseite.

»Übermorgen«, sagte ich mit einer plötzlichen Entschlossenheit, die keine Widerrede duldete. »Ich besorge dir den Beratungsschein und lasse alles bei Dr. Bernhard vorbereiten. Geh' nicht mehr in die Schule. Du hast Röteln. Und nun laß uns erst mal schlafen!«

Im Nachhinein gebe ich zu, daß auch ich hier versagt habe. Allemal wäre dies eine Gelegenheit gewesen, in gemeinsamer Not eine Beziehung anzubahnen. Ich hätte uns mehr Zeit lassen müssen. Aber die hatten wir schließlich eben nicht! Diese Sanduhr lief! Dieser Keim wuchs! War es eigentlich wirklich nur ein Keim im zweiten Schwangerschaftsmonat? Gerade in der letzten Zeit sind mir immer mehr Broschüren der Lebensrechtsbewegungen untergekommen, die ihr »Mensch von Anfang an« in die Welt hineinrufen. Haben sie nicht recht? Aber so denken eben vor allem religiöse Fundamentalisten, die in jedem Kind eine Schöpfung Gottes verstehen. Ich aber hatte Gott schließlich längst abgeschworen – damals, vor Weihnachten, war das jedenfalls meine nicht weiter reflektierte Position.

Die Sache ging dann auch relativ glatt über die Bühne. Nach acht Tagen war Doris bereits wieder putzmunter. Heino war zwar passé. Vermutlich hat ihm nicht nur Doris, sondern auch die Clique den Laufpaß gegeben. Jedenfalls tauchte er nie wieder auf. Wir beiden haben zusammen über das Ereignis dann auch nie wieder gesprochen. Ich glaube allerdings heute nicht mehr, daß das richtig war. Aber wir schämten uns wohl beide. Ich jedenfalls schämte mich. In Doris' Seele konnte ich nicht hineinschauen. Sie hatte das Visier wieder fest heruntergeklappt – und trieb es bald mit ihrer Discosucht schlimmer denn je. Der Auftritt gestern bewies es. Ich habe doch wohl schwere Fehler gemacht. Ich habe etwas versäumt! Ich habe Schuld auf mich geladen – neue Schuld! Ich will, ich muß mit Doris neu anfangen!

# Haß und Entsetzen

## *Doris*

Die farbigen Lichtblitze, die anfangs in den Augen schmerzten und zusammenzucken ließen, verschmelzen zu Sphären eines fremden Universums. Die laut dröhnende Musik wird leiser, zieht sich wie hinter eine Nebelwand zurück, nimmt die sie umgebende Menschenmasse mit sich fort. Doris fühlt sich leicht und abgehoben. Offensichtlich beginnt die Dosis Ecstasy zu wirken – eine große Dosis. Dies ist nun also ihre erste richtige Techno-Party. – 72 Stunden würde es dauern, hatte Babs ihr erklärt, und die Drogen würden einen in die Lage versetzen zu tanzen – zu tanzen bis hin zur völligen Raserei. Genau das ist es, was Doris will.

Sie sind alle gemeinsam zu dieser Veranstaltung losgeknattert, die Mitglieder der Clique, in ihren üblichen hauteng-schwarzen Monturen, mit dem üblich vielen Geld in der Tasche. Nein, mit sogar noch mehr Geld als sonst – Drogen sind teuer, viel teurer als Massen an Alkohol, auch wenn es sogenannte »Designer-Drugs« sind. Doris hat sich zuerst an die anderen gehalten und ist schließlich mit Kalle ins Gewühle getaucht. Sie beginnen, sich wie alle anderen in zuckenden Bewegungen zu winden, überlassen sich dem lauten Dröhnen des hämmernden Rhythmus und den über Lautsprecher durchgegebenen obszönen Kommentaren irgendeines Menschen, der das schaukelnde, halb betäubte Gewühle immer neu aufheizen soll. Schon nach wenigen Minuten beginnen die Drogen zu wirken. Jedes Individuum der Masse taucht in seine ganz persönliche »virtual reality« ein, sieht, hört, fühlt, schmeckt, riecht Dinge, die niemand sonst in genau dieser Weise erlebt.

Doris tanzt. Warum nur hat Kalle plötzlich so große dunkle Augen, warum sieht er sie so ernst und eindringlich an? Doris will ihn anfassen, ihn fragen, aber nur ein Lallen kommt aus ihrem Mund. Da erkennt sie plötzlich: das ist nicht Kalle.

»Nein«, will sie schreien, »nein, bitte! Bitte, nein!« – doch kein Laut ist zu hören. Sie wendet sich um, will weglaufen, ist in der Menge eingekeilt. Diese Augen – das ist nicht Kalle, das sind die Augen des Arztes, der die Curettage durchgeführt hat – diese Augen mahnen sie, klagen sie an ...

Und plötzlich ist alles wieder da, läuft ein Film vor Doris ab, halten Grauen, Entsetzen, Angst sie gefangen. Ist das die Droge?

Doris sieht sich selbst. Sie sitzt neben Britta im Wartezimmer des Arztes, ein bißchen aufgeregt, ein bißchen mit Angst. Erleichtert auch, daß die Mutter ihr diese Entscheidung abgenommen und alles in die Wege geleitet hat. Wut auf Heino, auf dessen Eltern – diese Schweine! Und sie hat Heino so gemocht, hat gehofft, möglichst lange mit ihm zusammen zu sein. Und er? – »Nun sieh mal zu«, hat er gesagt. Nichts sonst. Nicht: Es tut mir leid. Nicht: Ich helfe dir. Nicht: Wir schaffen das. – Dieses elende Schwein, dieser elende verdammte Kerl!

Maskenhaft starr ist Brittas Gesicht neben ihr. Komisch, das hat sie anfangs gar nicht bemerkt. Vorwürfe? Nein, die gab es nicht. Kommen vielleicht ja noch. Doris blättert in einer der herumliegenden Zeitschriften. Dann wird ihr schlecht. Der Raum beginnt sich zu drehen. Ein Riesenartikel über Kosmetika, die auf der Basis von »Schwangerschaftsgewebe« hergestellt werden – mit Farbphotos von abgetriebenen Föten. Grausig, entsetzlich. Ihre Hände beginnen zu zittern. Britta bemerkt es, reißt ihr das Journal aus der Hand. Da wird auch schon ihr Name aufgerufen.

Britta geht ins erste Zimmer mit hinein, aber dann ist Doris allein. Stumm läßt sie alles über sich ergehen. Sie zieht sich aus. Sie legt sich wie befohlen auf den gynäkologischen Stuhl. Sie empfindet keine Scham – sie ist wie betäubt von diesen Photos. Die Spritze beginnt zu wirken. Eine Art Vorhang trennt ihren Oberkörper vom Unterleib – sie kann nicht sehen, was der Arzt gerade macht. Ein Zucken, ein leichtes Brennen. Nicht besonders schlimm. – Was tue ich da? Es hämmert in ihrem Kopf. Augen zumachen, sagt sie sich. Nicht denken. Gleich ist es vorbei, gleich kann ich nach Hause. Nicht denken, nein.

Brittas nun doch besorgtes Gesicht, als Doris nach geraumer Zeit zurückkommt. Ihr vorsichtiges Behilflichsein beim Einsteigen ins Auto. Die Fahrt. Doris merkt, daß sie blutet. Schmerzen hat sie auch – die Betäubung hat wohl nachgelassen. Britta packt sie ins Bett, zieht die Vorhänge zu. Schlafen, ja. Schlafen ist gut. Schlafen bedeutet Vergessen.

Doris schläft auch wirklich ein, wacht wieder auf, schläft wieder ein. Drei Tage lang – dann fühlt sie sich wieder wie vorher. Nur eines ist anders: Jede Nacht träumt sie von den Photos der abgetriebenen Babys. Sie will ihnen entkommen, stürzt sich ins Discoleben, sucht immer mehr Action mit der Clique. Heute abend ist es die Techno-Party...

Die Droge verstärkt noch Doris' Gefühle von Angst und Entsetzen. Sie sieht plötzlich überall Babyleichen, zerstückelt, blutig, verätzt, lebende Wesen, geschunden, gefoltert, ermordet. Da beginnt sie zu schreien. Sie schreit laut, unmenschlich, mit sich überschlagender Stimme, wie eine Irrsinnige. Hände – da sind Hände, die sie festhalten wollen – die winzigen Hände ihres ermordeten Babys? Sie kämpft dagegen an. Weg, nur weg von hier!

»Schnell«, dringt eine Stimme an ihr Ohr, »sie hat zuviel erwischt. Um Gottes willen schnell!«

Ist es das Baby, das spricht? Die Farben machen sie fast verrückt, das Dröhnen auch. »Still, seid still – ich muß meinem Baby zuhören«, will sie sagen. »Da steht es, seht ihr es nicht?« –

Rasend schnell bewegt sie sich auf etwas zu.

»Nun macht doch schon«, sagt wieder die Stimme. »Und dann Vollgas!«

Doris steht vor einem Kind. Sie kann nicht erkennen, ob es ein Mädchen oder Junge ist. Leere Augenhöhlen starren sie an.

»Du hast mir die Augen ausgerissen«, sagt das Kind.

Doris fängt an zu würgen.

»Auch meine Hände und Füße hast du ausgerissen«, sagt das Kind weiter.

Doris fühlt rasende Schmerzen, bekommt keine Luft.

»Du hast mich getötet«, hört sie, doch das Bild verschwindet plötzlich. Doris fühlt, daß sie würgt, erbricht, nach Luft schnappt. Sie merkt, daß sie einen Schlauch im Mund hat – wo der wohl herkommt? Oh, wie ist ihr elend! Dann gleitet sie hinüber in tiefe Bewußtlosigkeit.

»Sie wird es schaffen«, sagt die Stimme. »Aber vielleicht mit bleibenden Schäden. Die Intoxikation durch eine Überdosis ist schließlich kein Kinderspiel.«

# Rückzug

## *Britta*

*Rottach-Egern, 1. 1. 93*

Das habe ich mir fest vorgenommen, als wir auf diese Reise gingen: Ich will – bevor mich das neue Jahr in seinen Bann schlägt – einen Rückblick auf das alte tun. Denn was war das für ein Jahr! Es war das schauerlichste in meinem Leben überhaupt: Es war endlos wie eine Ewigkeit, es war so randvoll mit seelischen Qualen! Nichts waren dagegen die zweieinhalb Jahre mit Doris davor, und dennoch war es rückblickend doch das bessere. Ich muß das festhalten, damit ich daraus selbst lerne und so neue Hilfsmöglichkeiten für Doris entstehen.

Jetzt schläft sie nebenan in der hübschen kleinen Ferienwohnung, die wir uns gemietet haben – immer noch mit dem sanften Einschlafmittel, das ich ihr am Abend mixe und das sie glücklicherweise ohne Widerspruch zu sich nimmt. Ich habe mich – bis die Dosis zu wirken begann – neben sie gelegt, und wir haben für morgen eine Wanderung um den See beschlossen – einen Spaziergang müßte man wohl eher sagen; denn allzuviel Kraft (und Eigenwärme!) besitzt Doris noch nicht, um ein solches Winterunternehmen über viele Stunden auszudehnen.

Rückblick also: Das Jahr 93 hatte noch gar nicht begonnen, als mich ein Anruf aus dem Krankenhaus erreichte. Eine mir bekannte Kollegin berichtete, es sei als Notfall eine Doris Damann eingeliefert worden – vom

Roten-Kreuz-Hilfsdienst aus der Diskothek ›Black Castle‹ herausgeholt. Einer der Notärzte habe sich diesen Namen notieren können. Sie habe keine Papiere bei sich und sei nicht ansprechbar. – »Haben Sie nicht eine Tochter in diesem Alter?« – »Ja, ja«, erwiderte ich und war schon im Mantel.

Doris auf der Intensivstation! Puls wie ein Hauch, Blutdruck kaum meßbar – tiefe Bewußtlosigkeit. Fünf Tage lang kämpften wir um ihr Leben. Ich ging gar nicht erst weg, obgleich Dr. Sander das übertrieben fand – »Sie können jetzt ohnehin nichts machen!« – Aber ich wollte da sein, zumal doch allmählich die Hoffnung auftauchte, sie käme durch. Altjahrsabend endlich schlug sie die Augen auf und – o Jubel! – sie erkannte mich. – »Ma?« sagte sie fragend. – Ich nickte und streichelte ihr den Kopf. – »Mir ist übel«, lallte sie und war gleich wieder weg.

Das Neue Jahr begann auf der Inneren Abteilung. Ich hatte mir mittlerweile eine Vertretung für die Praxis gesucht, ließ mir ein zweites Bett in ihr Krankenzimmer stellen und blieb rund um die Uhr bei ihr.

»Was war?« konnte sie schließlich eine Woche später – nun schon im Bett sitzend vor einem Frühstückstablett – fragen.

»Du hattest eine schwere, lebensgefährliche Vergiftung«, klärte ich sie auf, »vermutlich durch die Überdosis einer Droge hervorgerufen.«

»Uhhh«, kam es gedehnt. Doris lehnte sich ins Kissen zurück und begann nachzudenken. Ich half ihr nicht dabei. Ich mußte wissen, ob die Erinnerung zurückkommen würde. Ich mußte wissen, ob ihr Gehirn Schaden genommen hatte.

»Wir waren da wohl in der ›Black‹?« fragte sie mich.

Ich nickte.

»Mit Heino?« tastete sie sich weiter vor. – »Ach, nein, natürlich nicht«, kam es dann wie erhellt – und dabei bekam sie – ich hatte dergleichen bei Doris noch nie gesehen – einen roten Kopf. – »Nein, o nein, Kalle war dabei!«

Plötzlich schob sie das Tablett, ohne etwas zu sich genommen zu haben, beiseite.

»Die Augen«, rief sie, und dann aufstöhnend: »Diese furchtbaren Augen und all das Gemetzel!«

Ich verstand nicht, was sie damit meinte. Aber offensichtlich war sie in der Lage, sich zu erinnern. Ich freute mich darüber und tröstete sie damit. Sie ließ sich das erst auch gefallen, verkroch sich dann aber unter der Decke und weinte hemmungslos.

Sie konnte dann bald schon entlassen werden. Doch die alte, freche, rücksichtslose, erlebnishungrige Doris war das keineswegs, die ich da heimbrachte! Sie lag meistens, ohne sich irgendwie zu beschäftigen, entweder auf ihrem Bett oder auf ihrer Couch. Ja, meistens vergaß sie sogar, sich vollzudröhnen. Stille – eine unheimliche Stille erfüllte das Obergeschoß! Erst schob ich das auf die gewiß nötige Rekonvaleszenz. Zu erholen gab es hier ja viel! Aber auch mir gegenüber war Doris wieder sehr verschlossen. Ich konnte nun auch nicht mehr von morgens bis abends bei ihr sitzen. Im Gegenteil: In der Praxis war mehr zu tun denn je; vieles hatte sich angestaut, und eine Grippeepidemie ließ mich darüber hinaus von Patient zu Patient eilen.

Ich machte Doris deshalb den Vorschlag, nun doch wieder zur Schule zu gehen. Ich dachte dabei einerseits an die Lücken, die sich auf die Dauer doch einstellen würden, und darüber hinaus erhoffte ich mir natürlich von der Ablenkung und dem Wiedersehen mit der (von mir freilich wenig geliebten) Clique eine Aufmunterung. Sie gab mir auch ohne jede Widerrede nach und fing sogar sofort an, ihre Schulsachen zusammenzusuchen. Das war viel einfacher als früher; denn ich hatte ja in meiner Weihnachtswut alles mustergültig aufgeräumt. Die protestierende Empörung, die ich dafür erwartet, die ich geradezu gefürchtet hatte, fiel übrigens total aus. Und dadurch, daß ich jetzt viel öfter ein und aus ging, konnte sich erst mal auch kein neues Tohuwabohu einstellen: Ich sorgte im Vorübergehen für Ordnung.

Aber meine Hoffnung auf den heilsamen Einfluß der Schule erfüllte sich nicht. Ich hatte ihr angeboten, sie in der nächsten Zeit noch mit dem Wagen abzuholen. So saß ich in den folgenden Wochen oft wartend im Auto und sah mir die aus dem Tor herausquellende Schülerschar an. Doris war meistens eine der letzten. Fast immer kam sie allein – matt war ihr Schritt und wie abwesend ihr Blick.

»Wo sind deine Freunde?« fragte ich.

Doris zuckte mit den Schultern.

»Ach, die sind blöd«, sagte sie. »Ich habe keine Lust mehr zu all dem Quatsch.«

Sie waren weg – gone with the wind!

Eine Woche nach diesem Einstieg gab es dann auch noch Halbjahreszeugnisse. Mit einer müden Gebärde, aber immerhin noch so, daß es knallte, präsentierte sie es mir auf dem Küchentisch. Es war verheerend! Ein ›Ungenügend‹ reihte sich an das andere. Dazwischen mal ein ›Ausreichend‹. Nirgendwo ein Ausgleich.

»Oje«, fuhr es mir heraus, und ich vergaß vor Schreck jede Vorsicht, die ich mir im Umgang mit Doris längst angewöhnt hatte, »wie willst du damit den Schulabschluß schaffen?«

Ha, plötzlich ein Hauch der alten Doris! Wie von der Tarantel gestochen sprang sie auf und schrie: »Ja, schaffen, schaffen, immer nur schaffen! Is' eben nix mit ›Schaffen‹ bei mir! Schaff' doch alleine, du Top-Managerin!«

Raus war sie, Musik jaulte auf. Aber war das trotz des schlechten Zeugnisses vielleicht doch ein Zeichen von wiederkehrender Kraft?

Es schien zunächst wirklich so. Jedenfalls trat etwas absolut Neues ein: Während Doris sonst ein Langschläfer war und zur Schule früher immer nur unter Zeitdruck hechelte, begann es jetzt oben schon gegen 6 Uhr zu rumoren. Ich konnte es kaum fassen, als ich es dann sah: Zünftig im Sportanzug und mit Turnschuhen begegnete ich ihr im Flur. Sie begann, vor der Schule zu joggen! Ich freute mich, lobte sie, stellte gleich ihre geliebte heiße Schokolade auf den Herd, bereitete ihr ein Extra-Baguette. Leider mußte ich regelmäßig früher aus dem Haus, als sie wieder eintraf, aber diese neue Aktivität gab mir doch Hoffnung. Sie kündigte mir dann auch bald an, die Abholung von der Schule nicht mehr zu brauchen. Sie hätte das Laufen entdeckt. Es sei ihr ein wichtiges neues Bedürfnis. Der Schulweg ist weit; aber auch diesen Marsch von mindestens 50 Minuten nahm sie auf sich – auch bei Schnee, auch bei Glätte, auch bei Regen in diesen Winter- und Vorfrühlingsmonaten.

Den Star stach mir die Müllerin.

»Haben Sie eigentlich schon gemerkt«, sagte sie, »daß Doris all das schöne Essen, das wir ihr bereiten, ins Gästeklo kippt? Ich hatte sie schon lange im Verdacht, weil immer mal was dran hing an der Brille; aber neulich habe ich sie erwischt. Was soll das nun wieder?«

Mir fiel es wie Schuppen vor den Augen: Im Krankenhaus hatte Doris einige Pfündchen abgenommen. Stand ihr recht gut, fand ich. Sie verlor ein wenig das Grobschlächtige ihrer Gestalt. Das hatte ich ihr auch gesagt und ihr ausdrücklich neue Jeans in Größe 40 (statt wie sonst üblich in 42) gekauft. Mit matter Freude hatte sie damals auch die Veränderung zur Kenntnis genommen. Jetzt fiel mir plötzlich auf, daß das Bekleidungsstück bedenklich weit um Po und Oberschenkel schlotterte. Ja, und das Gesicht? Wo waren denn eigentlich die vollen blanken Wangen geblieben? Statt dessen traten die Backenknochen hervor, spitz statt rund lief das Kinn zu. Wo hatte ich meine Augen gelassen? Das war ja inzwischen keineswegs eine Veränderung zum Guten, zum Edleren. Hier stand viel eher ein neues Gespenst im Raum: der Beginn einer Magersucht.

Patienten mit diesem Leiden sind keine Seltenheit in meiner Praxis. Ich schicke sie regelmäßig weiter: Wenn's noch nicht gar so schlimm ist, zum Psychotherapeuten, bei marastischem Zustand in die Klinik nach Hannover. Es hat keinen Zweck, mit diesem Klientel internistisch herumzubasteln. Die Erfahrung hatte ich gemacht. Die Erkrankung ist hartnäckig, die Patienten nur scheinbar gefügig, aber versteckt renitent in einer Weise, wie es meine Möglichkeiten als Allgemeinmedizinerin übersteigt. Eine spezielle Ausbildung für diese seelische Erkrankung habe ich nun einmal nicht.

Hat Doris Magersucht? Wie fand ich das heraus? Ich beschloß, meine Sprechstundenzeiten zu ändern, so daß ich die Mahlzeiten mit ihr gemeinsam einnehmen konnte. Ich beschloß, mir mehr Mühe als bisher zu geben, ein kalorienreiches Programm zu planen. Schließlich hatte ich sonst immer für uns beide eher ein wenig kalorienbewußt auf die Linie achtgegeben. Aber dieses Unternehmen endete mit einem eklatanten Mißerfolg. Je mehr Mühe ich mir gab, um so mehr steigerte sich Doris' Abwehr.

»Willst du mich eigentlich neuerdings fett füttern?« fauchte sie mich an, als ich mit einer wunderbar duftenden Käsesauce aufwartete. Während sie anfangs noch – wohl doch aus so etwas wie Höflichkeit – am Essen genippt hatte, wurden ihre Portionen allmählich immer kleiner. Salat durfte es erst noch sein; aber dann fragte sie voll Mißtrauen: »Ist da Öl dran?«, und wenn ich das bestätigte, schob sie die Speise angeekelt beiseite.

Irgendwann hielt ich diese täglichen Frustrationen und die sich dadurch aufbauende Spannung nicht mehr aus, und ich fragte sie: »Weißt du eigentlich, was eine Magersucht ist?«

Doris konterte ärgerlich: »O ja, so was möchtest du mir wohl nur zu gern anhängen! So ein Blödsinn! Kannst du nicht verstehen, daß ich endlich auch mal eine anständige Figur haben will? Warum soll ich da nicht mal ein wenig dranbleiben, nachdem ich im Krankenhaus ein paar der überflüssigen Pfunde abgenommen habe! Kannst du dich nicht lieber mitfreuen, daß ich jetzt jeden Morgen jogge? – ›Bewegung ist gut‹, hast du mir immer eingetrichtert. Mach ich's, bis'te auch nicht zufrieden!«

»Aber alles doch mit Maß!« wagte ich einzuwenden.

»Maß, Maß«, äffte Doris nach, »damit läßt sich doch nichts erreichen!«

Es hatte keinen Zweck, weiter daran herumzureden. Aber eines war sicher: Doris hatte den Hungerkurs eingeschlagen und wurde dabei immer übellauniger. Mit blauverfrorenen Händen stocherte sie lustlos im Essen – es konnte noch so lecker duften. Ich bekam nichts mehr in sie hinein und gab seufzend die gemeinsamen Mahlzeiten wieder auf. Diese Art, mir das Essen zu vermiesen, war mir einfach unerträglich.

Gerade hatte ich in einer meiner vor Sorgen immer schlafloseren Nächte beschlossen, einmal den Rat einer Fachkollegin in Anspruch zu nehmen, da überraschte mich Doris mit der Idee, daß sie kochen wolle. Natürlich nahm ich diesen Gedanken begeistert auf und freute mich, mich an den gedeckten Tisch zu setzen. Aber schon nach einigen Tagen merkte ich, daß das geradezu eine Falle von Doris war. Sie kochte meine Lieblingsspeisen; aber die immer schön fett. Sie brachte alles eifrig auf den Tisch; aber dann guckte sie mir das Essen gewissermaßen in den Hals, fast mit so etwas wie Befriedigung, füllte mir nach, fragte geradezu lauernd, ob es mir schmecke. Es schmeckte mir zwar in dieser Situation nicht wirklich gut; aber ich hoffte doch, sie gewissermaßen durch mein Vorbild, durch meine Mißachtung der »Taille« doch zu ähnlichem Verhalten zu bewegen. Das war aber eine völlig vergebliche Hoffnung.

Doris kaufte im besten Delikatessengeschäft der Stadt mehr als teuer ein. Ich merkte bald, wie mein Hosenbund eng und enger wurde. Doris fütterte mich fett – und wurde selbst immer dünner – aus Rache, mit Absicht? Irgendwann erklärte ich vor mir selbst auch diesen Versuch als gescheitert und sagte ihr, daß ich mal eine Weile fasten müsse, um nicht aus den Nähten zu platzen.

»Siehste«, sagte sie enttäuscht, »dir billigst du das zu, aber mir gönnst du es nicht!«

Es hatte keinen Zweck, darauf irgend etwas zu erwidern; aber in bezug auf Doris' Zustand kroch allmählich doch Panik in mir hoch. Essen sah ich Doris überhaupt nicht mehr. Ich wurde immer schlafloser. Da, eines Nachts, kam mir meine Wachheit zu Hilfe. Ich hörte den Eisschrank klappern. Offensichtlich war Doris' Hunger doch zu groß geworden. Als im Haus wieder Stille eingekehrt war, schlich auch ich mich in die Küche und versuchte herauszufinden, wovon jetzt wohl etwas fehlte. Erst konnte ich absolut nichts entdecken; aber dann merkte ich, daß einiges aus der Naschschübe fehlte: ein paar Mars- und Milky-Way-Riegel – und eins der Päckchen mit Lakritz, den ich selbst so gern esse.

Schon am nächsten Tag stockte ich diesen Vorrat auf, Kekse in großen Dosen, die ich anbrach, eine Bonbonniere mit Lakritz, auch in anderen Behältern und Schubladen an verschiedenen Orten im Haus. Schließlich mußte es mir gleich sein, ob es sich dabei um mehr oder weniger gesunde Nahrungsmittel handelte – Hauptsache der Hungerstreik ließe sich auf irgendeine Weise brechen.

Reden über Essen wurde bei uns tabuiert. Ich ließ Doris – in der Hoffnung, daß sie der Versuchung nicht widerstehen würde – in Frieden. Mir schien es auch so, als sei wenigstens der rasante Abmagerungsprozeß gestoppt, und ich paßte sorgsam auf, daß in den Dosen keine zu großen Lücken sichtbar wurden. Aber immerhin ließ sich nach einiger Zeit mit ein wenig Erleichterung konstatieren: Das war insgesamt eine relativ große Menge an Süßigkeiten, die da nächtlicherweise klammheimlich verschwand. Aber auch diese Phase ging eines schönen Sonntagmorgens abrupt zu Ende. Ich war noch tief im Schlaf, als die Tür aufsprang und Doris hereinstürmte.

»Das liegt wieder an deinem blöden mit Öl angemachten Salat, der da gestern rumstand«, fauchte Doris mich an. »Heute wiege ich gleich zwei Kilo mehr! Zwei Kilo«, schrie sie und brach weinend neben meinem Bett zusammen. »Zwei Kilo von ein paar Salatblättern! Ich halte das nicht aus! Ich kann wirklich nur gar nichts mehr essen, wenn ich nicht fett werden will!«

Schluchzen, Verzweiflung. Doris wand sich auf dem Fußboden. Ich hütete mich, auf die Kekse anzuspielen, und sagte nur – selbst ebenso ratlos wie verzweifelt: »Meinst du nicht doch, daß du Hilfe brauchst? Sitzt du nicht doch schon ganz schön tief in der Magersucht?«

Wie ein Dämon mit Rußwolke verschwand sie schleunigst aus dem Raum. Ich hörte die Haustür zuschlagen. Doris versuchte, sich die auf der Waage neu festgestellten Pfunde wieder herunterzujoggen. Sie blieb den ganzen Vormittag aus und kroch danach total erschöpft in ihr Bett, ohne auch nur einen Ton im Lauf des Tages und des Abends von sich zu geben.

Mir aber war nun endgültig klar, daß wir Hilfe brauchten. Ich rief meine Kollegin in Hannover an, der ich regelmäßig meine Fälle überwies, und sie hatte freundlicherweise bald schon einen Termin für mich. Freilich: Ich konnte nicht erwarten, daß so ein Besuch allzuviel bringen würde, konnte doch auch ich nicht einmal ein Magengeschwür heilen, ohne den Patienten selbst einer Untersuchung unterzogen zu haben; aber vielleicht würde sie mir doch einige Vermutungen zu den Ursachen und einige Ratschläge für mein Verhalten geben können. Aber durch das Gespräch erhielt ich eigentlich keine Erleichterung. Daß das ganze Dilemma nach der Abtreibung und der Toxikose begonnen hatte, wollte die Kollegin als Ursache nicht gelten lassen.

»Als Anlaß gewiß«, gab sie mir zu verstehen, »aber Sie beschrieben mir doch, wie schwierig Ihre Tochter bereits vorher war!«

Vergeblich erzählte ich ihr, daß sie es eigentlich sogar von der ersten Stunde an gewesen war. Die Psychotherapeutin vermutete vielmehr, daß ich die ganze Sache falsch angepackt hätte.

»Wahrscheinlich übermuttern Sie sie. Vermutlich wollten Sie ihr jetzt das Paradies selbst bieten. Halten Sie sich mehr auf Distanz«, riet sie mir.

Ich war gewiß bereit, jede Theorie, die heraushelfen könnte, anzunehmen. Aber war Doris nicht eher zuwenig als zuviel betreut worden – und das vermutlich doch bereits von Anfang an? Ich gab das der Kollegin zu bedenken.

»Ach, lassen wir doch das Theoretisieren«, sagte meine Expertin fast ein wenig unwillig und beendete die Unterredung.

»Nein, so einfach war es wohl auch nicht«, dachte ich und ließ meine Praxisfälle von Eßstörungen Revue passieren, während ich heimfuhr. Gerade unter diesen Patienten waren manche mit relativ wenig aushäusigen Müttern – und immer waren sicher noch nicht einmal die Mütter die schwierigen – sondern manchmal auch ein Vater oder eine Großmutter. Rätsel – Fragen – Ungelöstes. Ich beschloß, mich lesend kundig zu machen.

Doris hatte mich wohl noch nicht erwartet, als ich heimkam. Sie saß mühsam hinunterwürgend, was sie gerade noch im Mund hatte, im Wohnzimmer und sagte fröhlich: »Hei!«

Ich setzte mich zu ihr. Und weil mich dieser Empfang ermutigt hatte, berichtete ich von dem Versuch, mich beraten zu lassen.

»So recht viel klüger bin ich nicht geworden«, erzählte ich. »Die Kollegin meinte, ich wäre schuld. Ich hätte alles falsch gemacht.«

»Bist du ja auch«, sagte Doris seelenruhig. »Was kannst du denn erwarten? Warst du es nicht, die mich 10 Tage nach meiner Geburt ausgesetzt hat? Glaubst du wirklich, eine Claudi kann einfach so eine Mutter ersetzen? Wenn ich mein Kleines hätte bekommen dürfen«, fuhr sie fast schluchzend fort, »ja, was meinst du, wie ich das lieb gehabt hätte! Wie ich mit dem geschmust hätte! Wie ich das erst mal gestillt hätte, so richtig und immerzu!«

Ich war völlig perplex, wie mit einem Rammstoß vor den Kopf geschlagen. Aber ich versuchte dennoch eine Verteidigung:

»Aber ich habe dich doch lieb! Ich kümmere mich doch um dich, ich hocke an deinem Krankenbett, ich reise mit dir!«

Doris stand auf und warf mir einen vernichtenden Blick zu: »Jetzt ist es zu spät!« – und verschwand.

Mittlerweile war der Sommer herangerückt. Wir

dümperten weiter mühsam vor uns hin. Der Schulabschluß ging in die Binsen. Der Gedanke, die Klasse zu wiederholen, bewirkte Schütteln bei Doris. Es hatte auch keinen Zweck, sie weiter zu beschulen. Sie war schließlich weiterhin in einem erbärmlichen Zustand, wenn sie auch am Marasmus immer gerade vorbeirutschte. Die Menstruation war ausgeblieben; aber das konnte mich nicht noch zusätzlich sonderlich erregen. Ist das doch nur ein Signal dafür, daß die Natur den ausgemergelten Körper zur Fortpflanzung so lange nicht bereitstellt, solange er untergewichtig ist.

Doris kümmerte das auch weiter nicht. Ich aber rang in der Tiefe meiner Seele verzweifelt mit Doris' Ausspruch: »Jetzt ist es zu spät!« – Wie ein Todesurteil war das auf mich niedergesaust. Gab es denn wirklich keine Rettung mehr? Konnte ich denn nicht meine Schuld zu sühnen versuchen? Aber wie? Die Praxis aufgeben? Das konnte ich nicht. Von irgend etwas mußten wir schließlich leben, und so, wie es jetzt aussah, war durchaus damit zu rechnen, daß Doris ein Sozialfall werden würde. Aber ein vierteljährlicher Urlaub ließe sich vielleicht doch einplanen – mit der tüchtigen Vertreterin, die mich schon mehrere Male erfolgreich unterstützt hatte.

Es fiel mir schwer, diesen Entschluß zu fassen. Aber ich hoffte, daß das ein sinnvolles Opfer sein könnte. Ich würde das ganze um die Weihnachtsferien mit einer Winterreise beginnen. Ja, so könnte es gehen, dachte ich, dachte ich erfolgreich; denn als ich Doris damit kam, fiel sie mir zum ersten Mal in unserem Leben um den Hals und sagte: »Doch, Ma, das ist eine gute Idee!«

Relativ komplikationslos gestaltete sich die erste Woche hier in Rottach. Da ist etwas wie ein zaghafter Frieden, wie eine Hoffnung, nicht nur von mir, sondern auch von Doris. Wenn wir jetzt einschlafen, sind wir einander zugekehrt und halten uns an den Händen – ich umschließe sie, diese hauchdünnen, zarten, kalten Finger, die Hände eines Kindes – meines Kindes.

# Rückzug

## *Doris*

Doris stapft mühsam und langsam durch den tiefen Schnee am Waldrand. Schön ist es hier! Überhaupt ist dieser Urlaub eine gute Idee von Ma gewesen. ›Ma‹ – wie leicht diese Anrede ihr plötzlich fällt! Gut, daß sie noch schläft. Doris braucht jetzt ein bißchen Alleinsein ...

Die Spur eines kleinen Tieres kreuzt ihren Weg. Vier zarte Pfötchen haben sich in den unberührten Schnee eingedrückt – deutlich kann man sehen, woher es gekommen und wohin es gelaufen ist. Doris hält inne – und woher ist sie gekommen?

Vor einem Jahr um diese Zeit hat sie noch im Krankenhaus gelegen ... Fast kann sie es noch spüren, die bleierne Schwere in den Gliedern, die unendliche Übelkeit, die kreisenden Feuerräder vor ihren Augen. Zwischendurch ganz kurz das Gesicht Brittas, dann wieder Wegtauchen in raumlose Fernen. Sich-Treiben-Lassen, unfähig zu einem klaren Gedanken. Und Schmerzen – Krämpfe im ganzen Leib. Mühe beim Atmen, würgendes Erbrechen – erst nach Tagen ein langsames Hineindämmern in die Realität. Was ist geschehen? – Mühsames Nachdenken. Ach ja, die Disco. Die Drogen. Die Anklage des getöteten Kindes ... Die Erinnerung kehrt zurück. Doris kann ihr nicht länger entrinnen. – »Es war falsch«, hat sie gedacht, unentwegt nur dieses eine, Tag und Nacht. Danach Wochen voller Apathie. Keine

Kraft mehr. Keine Lust mehr. Nur noch Müdigkeit. Gibt es Vergessen?

In der Schule dann das Zusammentreffen mit der Clique. Alle stürzen sie mit großem Hallo auf sie zu, doch Doris weicht zurück: »Laßt mich in Ruhe«, sagt sie feindselig. Die sind alle mit daran schuld, daß es ihr so dreckig geht! Keinen von ihnen will sie mehr sehen, keinen! Lieber ist sie allein. Achselzuckendes Erstaunen, Abwenden bei den anderen. Dann eben nicht!

Unendlich öde der Unterricht. Doris hört gar nicht mehr zu, sitzt einfach da und starrt vor sich hin. Einmal pflanzt sich eine der Lehrerinnen vor ihr auf: »Doris Damann«, sagt sie, »ich könnte wetten, daß du nicht einmal die Spur einer Ahnung hast, wovon wir gerade reden!« – Doris gibt ihr keine Antwort.

Plötzlich dann ein Fund im Bankfach einer fremden Klasse. Ein Buch, ein Titel, der ihr Interesse erregt: »Bericht vom Leben nach dem Tod«. Ein Medium hat über 40 Jahre lang Kontakte zu Verstorbenen gehabt, ließ diese auf Tonbänder sprechen und über »automatisches Schreiben« im Trancezustand Berichte über das Jenseits verfassen. Von den »sieben Bewußtheitsstufen jenseits des Todes« ist da die Rede, von der »Fülle der Erkenntnis«, von »mental-telepathischen Kontaktmöglichkeiten«. Auch davon, daß das Leben auf der Erde nicht mehr ist als bloß »das Säuglingsstadium im Vergleich zum Erwachsenenalter«.

Hat Doris erst nur lustlos begonnen, darin zu blättern und hier und da einige Zeilen zu überfliegen, so wird sie – die kaum je etwas zu Ende gelesen hat – an dieses Buch geradezu gefesselt. Tagelang grübelt sie über die einzelnen Kapitel nach. Doris versinkt in einer neuen

Welt, einer fremden, aufregenden. Sie besorgt sich den zweiten Band, verschlingt auch ihn. Steht auch etwas drin über das Weiterleben Ungeborener? Sie lernt, auf ganz neue Art zu sehen. Die irdische Materie ist nur Schein – was zählt, ist der Astralleib. Normal menschliche Gefühle sind unwichtig – man muß sich auf die Energien konzentrieren, die man in den Kosmos hineinströmt. Der stoffliche Leib ist lästiges Hindernis auf dem Weg zur Bewußtseinserweiterung. Man muß ihn und seine Bedürfnisse auf ein Minium reduzieren.

Diese Idee kommt Doris' halbbewußten Wünschen sehr entgegen. Seit neuestem ekelt ihr vor jeder Art von Essen. Sie will es nicht riechen, sie will es nicht schmecken. Und außerdem: Seit sie im Krankenhaus ein paar Pfund abgenommen hat, sieht sie viel besser aus… – obgleich der materielle Körper ja eigentlich unwichtig ist. Well, wozu auch essen? Ohne Frühstück und ohne Schulbrot vergeht der Unterricht. Dann nimmt sie zu Fuß den langen Marsch nach Hause in Angriff. Sie macht in ihrem Zimmer Gymnastik und Turnubungen. Mittag- und Abendessen werden fast ganz weggekippt – ins Klo. Mineralwasser und ab und zu einige Bissen Salat sind ihre einzige Nahrung. Kein Alkohol mehr, keine Naschereien.

In der Nacht versucht sie fieberhaft, mit »denen von drüben« Kontakt aufzunehmen. Sie konzentriert sich. Sie legt ein Band in den Cassettenrecorder und stellt ihn auf »Aufnahme«. Sie schickt »Energien« in den Raum … Nichts geschieht. Irgendwann dann ist sie regelmäßig frustriert, wütend vor Hunger und sterbensmüde. Sie beschließt, daß das alles ein Riesenhumbug ist, als sie im Fernsehen von einem anderen »Jenseits-

Autor« erfährt, der selbst zugegeben hat, seine Stories ausnahmslos erfunden zu haben – und schmeißt das Buch in die Mülltonne.

Eins aber gefällt ihr: Sie hat während der Wochen der Geisterjagd etliche Pfund abgenommen – und sie findet sich jetzt viel hübscher. Also setzt sie ihr Abmagerungsprogramm weiterhin konsequent in die Tat um. Ärgerlich nur, daß Britta seit neuestem auf die Idee kommt, alle Mahlzeiten mit ihr gemeinsam einzunehmen. Doris hat es geahnt: Ständig gibt es nun Gemecker von wegen »mehr essen«! Einfach gräßlich. Kann Britta sie denn nicht in Ruhe damit lassen? Dreimal am Tag stellt sich Doris auf die Waage – und da hat sie auch schon den Beweis: Sie braucht nur einmal eine ganz winzige Portion zu sich zu nehmen, und sofort zeigt die Waage mindestens zwei Pfund mehr an. Einfach widerlich! Was bleibt ihr anderes übrig, als von Mineralwasser und Luft zu leben, auch wenn die Gedanken die ganze Zeit über nur ums Essen kreisen!

Um durch Brittas Gemecker nicht länger genervt zu werden, erklärt Doris, daß sie das Kochen übernehmen will. Es macht ihr auch richtigen Spaß. Zugegeben, manchmal geht auch etwas daneben – trotz Kochbuch –, aber irgend etwas Leckeres bringt sie doch immer zustande. Auch das Einkaufen macht Spaß. Man kann auch vom Geruch satt werden – aber auch elend und wütend!

Eines Tages kommt Britta früher als sonst nach Hause und erzählt ihr, daß sie sich von einer Therapeutin habe beraten lassen. Diese habe gesagt, sie selbst, Britta, sei schuld an Doris' Dilemma ... Doris ist wütend, fühlt sich beim heimlichen Essen gestört und haut ihr eins rein. Ja, sie sei ja auch schuld! Ziemlich gemein, denkt Doris hinterher, aber sie ist ja auch schuld – diese Rabenmutter, die ihr Kind wenige Tage nach der Geburt einfach weggegeben hat! Und dann ausgerechnet noch zu Claudi – als ob die ihr je eine Mutter ersetzen hätte können! Aber Bert und Claudi, die haben auch einen Anteil an der Misere!

Doris erinnert sich an eine lang zurückliegende Szene.

Als kleines Mädchen hatte Claudi sie einmal zu einem Spaziergang in den Central Park mitgenommen. Sie hatte sich auf einer Bank in der Nähe des Wassers hingesetzt und in einer Zeitschrift geblättert, während Doris sich mit einem fremden kleinen Mädchen anfreundete und mit ihm zu spielen begann. Doch leider waren schon bald einige größere Jungs auf Fahrrädern als Störenfriede aufgetaucht. Sie hatten sich Worte zugerufen, die die beiden Kleinen nicht verstanden – und ehe ein Mensch eingreifen konnte, hatten die Rowdies die Kinder mit Gewalt ins Wasser gestoßen und waren abgesaust. Zwar war das Wasser weder tief noch kalt gewesen; aber was für ein Schreck!

Die Mutter des anderen Mädchens war mit einem Schrei aufgesprungen und hatte ihr Kind an sich gerissen, gefragt, ob ihm auch nichts passiert sei, es geherzt und geküßt und ihm die Tränen abgewischt. Auch Doris hatte jemand auf die Füße gestellt – aber wie lange dauerte es, bis Claudi aufstand und sich auf sie zubewegte!

»Nein, wirklich«, hatte sie kopfschüttelnd gesagt, »keinen Augenblick kann man dich aus den Augen lassen!«

Doris hatte weinend versucht, ihre Beine zu umfassen, als Claudi zurückwich: »Faß mich nicht an«, hatte sie gerufen, »du ruinierst mir ja das neue Kleid!«

Und als Doris daraufhin weiter vor sich hinschluchzte, hatte sie barsch gesagt: »Nun mach schon, schnell nach Haus, sonst muß ich dich auch noch pflegen, wenn du krank wirst!«

Das Gemeinste aber war gewesen, daß Claudi vor Bert die Sache ganz anders geschildert hatte.

»Mir blieb fast das Herz stehen, als ich das arme Kind so sah«, hatte sie gesäuselt. »Und den ganzen Nachmittag mußte ich es trösten ...«

Doris war stumm geblieben. Auch dann noch, als der Vater ihr einen Blick zugeworfen und gesagt hatte: »Tja, Doris, was würden wir beide bloß ohne Claudi tun, nicht wahr?«

Dies alles geht Doris durch den Kopf, als sie Britta barmen hört. Die ganze alte aufgestaute Wut bricht durch.

»Zu spät«, sagt sie. Soll sie es nur merken!

Im Herbst geht Doris nicht zur Schule. Die Abschlußklasse hat sie im Sommer ja nicht geschafft; aber wiederholen will sie sie auch nicht. Später war Britta dann auf den Gedanken gekommen, drei Monate lang miteinander Urlaub zu machen – nur sie beide ganz allein. Was für eine wunderbare Idee! Und jetzt sind sie schon fast eine Woche in Rottach. Es ist Doris, als ob sie hier freier atmen könne, als ob die Gespenster der Vergangenheit keinen Zutritt hierher hätten. Britta ist da, Britta hat Zeit. Sie nimmt Doris in die Arme, wenn sie von Alpträumen geschüttelt aufschreit, sie tröstet, sie wärmt, sie streichelt.

Der lange Spaziergang hat Doris erschöpft. Joggen kann sie schon lange nicht mehr. Sie wandert den Waldweg entlang und sieht vor sich das Haus mit der kleinen Ferienwohnung, die sie gemietet haben. Ma hat sie erspäht und winkt ihr vom Fenster aus zu. Vielleicht wird doch noch alles gut …

# Aneinander gefesselt

## *Britta*

*26. 12. 93*

Unser erstes gemeinsames Weihnachtsfest zu Hause! Doris schläft noch – wir haben gestern lange Nacht gemacht. Ich habe ihr abends aus einem Buch vorgelesen, das ich geschenkt bekam, die Geschichte eines Mädchens, das mit großer Tapferkeit seine seelischte Erkrankung besiegte – auf einem Weg freilich, für den Doris vielleicht noch nicht reif ist? Aber sie hörte aufmerksam zu und knabberte – oh Wunder! – sogar in meinem Beisein an den Kartoffelchips, die ich mit etwas Tonic-Wasser bereitgestellt hatte. Freilich konnte sie, als ich müde zu werden begann, den Absprung noch nicht finden und zog sich doch noch einen Film rein – aber immerhin einen anscheinend ganz passablen mit dem von ihr umschwärmten Burt Lancaster.

Aber mich drängt es doch, meiner nun bereits eingebahnten Tradition nachzukommen und mein Leben mit Doris auch im Rückblick auf dieses Jahr zu Papier zu bringen. Wie soll man es überschreiben – ein Jahr zwischen Hoffen, Bangen und Enttäuschung, mit neuen Schrecken, aber auch mit ungewohnt großer Freude.

In Rottach-Egern hatten wir wirklich eine gute Zeit. Sogar mit dem Essen ging es einigermaßen. Zwar gönnte Doris es sich erst am ziemlich späten Abend, etwas zu sich zu nehmen. Aber da wir dann gemeinsam à la carte aßen, wurde sie doch auch von der Möglichkeit zu eigener Auswahl und neuen Zusammenstellungen verlockt. Die Nahrungslosigkeit am Tag – lediglich mit großen Mengen Sprudelwasser überstanden – ließ sich so doch einigermaßen kompensieren und lockerte meine Spannung, während Doris nach der Mahlzeit doch noch gelegentlich von der Angst befallen wurde, zu viele Kalorien zu sich genommen zu haben. Diese Angst wurde freilich nie artikuliert, sondern sie schlug regelmäßig in Übellaunigkeit um. Aber wie gesagt: Das waren doch eher Ausnahmen.

Mir half es bereits, daß ich jetzt verstand, daß die dann gegen mich gerichteten Aggressionen nicht primär die Absicht hatten, mich zu verletzen, sondern aus der Angst erwuchsen, die Kontrolle über die Nahrungsaufnahme zu verlieren, eine Angst – so hatte ich mich kundig gemacht – die fürchtete, nie je mehr mit dem Essen aufhören zu können, wenn diese Kontrolle einmal verspielt sei. Wenigstens ich hatte jetzt begriffen, daß Magersucht grundsätzlich heißt, daß das Bedürfnis, sich satt zu fühlen, in der Seele so übermächtig geworden ist, daß man es wie einen Deichbruch angesichts einer nie nachlassenden Sturmflut fürchten muß.

Eigentlich ist das Bedürfnis rein seelischer Art, eigentlich möchte man »muttersatt« werden, satt von Geborgenheit, satt von Zärtlichkeit, Liebe und Gemeinschaft. Diese Sehnsucht aber ist auf das Essen projiziert (am Lebensanfang ist das ja auch eins: Liebe-Bekommen und Satt-Werden). Der Schlankheitswahn der Mode fördert diese Symptomatik. Aber die objektive Gefahr des Deichbruchs, d. h. des Durchbruchs der riesigen Bedürfnisspannung, vergrößert sich durch das Hungern von Tag zu Tag und erzeugt so berechtigterweise panische Befürchtungen.

Ich jedenfalls sah insoweit jetzt immerhin theoretisch klar: Ich mußte Doris mit so viel Gemeinsamkeit beschenken, wie ich es nur irgendwie ermöglichen könnte. Und ich mußte den Versuch machen, ebenso schmackhaft wie doch kalorienarm zu kochen, damit auch oral die Bedürfnisspannung nicht ins Gigantische anwüchse.

Das brachte auch Millimeter-Erfolge; aber unter welchen Opfern, welchen Frustrationen! Und in den Sommermonaten gerieten wir unversehens in ein neues schwarzes Loch: Ich hatte die Praxisarbeit wieder aufnehmen müssen. Wir hatten keine Wahl: Doris war täglich mehrere Stunden allein im Haus. An eine Beschulung oder Ausbildung war noch keineswegs zu denken. Ihr körperlicher Zustand erlaubte das ebensowenig wie der seelische: Sie war mit ihren Gedanken völlig an die Nahrungsaufnahme fixiert. Auf gar nichts anderes konnte sie sich konzentrieren, auf kein Buch, nicht einmal aufs Fernsehen. Die Staffelei stand unbenutzt im Wintergarten, der Malerkittel hing am Haken. Glücklicherweise hatte ich für uns beide das Stricken entdeckt, grobmaschig, in dunklen Farben, anthrazit, marineblau und schwarz entstand nun ein Schlabberpullover nach dem anderen. Diese mechanische Tätigkeit erbrachte für Doris offensichtlich ein wenig Spannungsentlastung, zumal ihre Entkräftung so weit fortgeschritten war, daß sie das Joggen hatte aufgeben müssen.

Eines Samstags kam unangemeldet eine Studienfreundin auf der Durchreise zu Besuch. Freudestrahlend wollte ich den Kuchen servieren, den ich – wie immer für solche Fälle – eingefroren hatte. Er war weg – die ganze Käse-Sahne-Torte! Nun, ich half mir irgendwie; aber der ganze Besuch war eigentlich von da ab sinnlos. Ich war völlig fixiert auf die Frage: Wieso klaute Doris jetzt Torten – und was machte sie damit? Streng nahm ich mir vor, sie nicht zu befragen. Sie würde es mit an Sicherheit grenzender Wahrscheinlichkeit abstreiten. Und darüber hinaus: Hätte sie sie gegessen, wieviel lieber wäre mir das als alles andere auf der Welt!

Ich beobachtete sie am Abend – von Panik, wie sie zur Nachspeise von einer etwas fülligeren Mahlzeit gehörte, keine Spur, eher so etwas wie eine gewisse Heiterkeit. Sie aß mit Bedacht (!) den mit Radieschen verfeinerten Rapunzelsalat und erzählte mir etwas über Strickmuster. Merkwürdig!

Am nächsten Tag war der ganze Vollfettkäse aus dem Eisschrank verschwunden, den Doris sonst mit einer Gebärde des Ekels von sich gewiesen hatte. Ich ersetzte ihn sofort, kaufte auch zusätzlich Kuchenstücke – verschwunden, alles binnen kurzem! Nach einer Weile hielt ich das Katz-und-Maus-Spiel nicht mehr aus und sagte: »Ich freue mich, daß du dir neuerdings mal richtig etwas gönnst – wenigstens an Kuchen und Käse.« – Merkwürdig – Doris stritt weder etwas ab, noch wurde sie wütend. Sie drehte sich weg und meinte wie selbstverständlich: »Doch, es geht jetzt schon ganz gut. Wenn du nichts dagegen hast, möchte ich jetzt mal wieder das Einkaufen übernehmen ...« – Ach, war das Musik in meinen Ohren! Ich rannte sofort, um Geld zu holen, und sagte ihr auch, daß ich ihr in der nächsten Zeit jeden Morgen 50 DM unter den Frühstücksteller legen würde, damit sie genug Wahlmöglichkeit habe.

Eine neue Ära brach an – und daß es sich nur um eine neue Etappe der aneinandergereihten Scheußlichkeiten handelte, begriff ich wochenlang nicht. Wollte ich nicht sehen? War ich zu geblendet von meiner eigenen Entlastetheit? Denn auf einmal bekam unser Leben einen angenehmen Hauch von Normalität. Doris nahm den Haushalt in die Hand. Es gab wunderschönes Essen, oft auch mit Aufwand und Mühe bereitet, und immer aß sie ganz normale Portionen, manchmal eher ein bißchen zuviel als zuwenig.

»Schmeckt gut, nicht?« fragte sie neuerdings und gönnte sich einen Nachschlag. Freilich hatte sie sich erbeten: Sie wolle vorbereiten, ich möge nachbereiten. Das könne sie nicht, das sei ihr doch noch zu eklig. – So verschwand sie regelmäßig aus der Küche und ging nach oben. Begann sie sich wieder abzukapseln? War das der Preis für das Aufgeben der Magersucht?

Eins begann mich dann schließlich doch zu wundern: Doris nahm dennoch kaum zu.

»Siehst du«, sagte ich glücklich nach einem schönen Abendessen, »auch du nimmst nicht einfach von einer normalen Kalorienportion zu. Der Körper mit einem normalen Stoffwechsel verbraucht eben auch mehr!«

»Ja«, erwiderte Doris sanft, »wenn ich das nur gewußt hätte, ich hätte mir vieles ersparen können!«

Und doch war das ganze nichts als Heuchelei und ein auf Lüge und Verdrängung aufgebautes Arrangement!

Wieder war es die Müllerin, die mir den Star stach.

»Hat jetzt wohl oft Magenverstimmung, Ihre Tochter«, meinte sie eines Tages. »Ich wundere mich nur, daß sie dann einfach wieder so drauflos ißt, wenn sie hat spucken müssen.«

»Wie bitte?« fragte ich.

»Na, sie macht's jetzt ja wenigstens weg«, lobte die Zugehfrau, »aber ich merk's doch – fast jeden Tag ist da was!«

Ich entwich erst mal auf mein eigenes Klo und setzte mich auf den heruntergeklappten Deckel. Mir war selbst zum Kotzen. Wie eine Zentnerlast überfiel mich die Erkenntnis: Doris war gar nicht geheilt! Die Eßstörung hatte sich lediglich verschoben. Nun hatte sie eine Bulimie! Sie hatte entdeckt, daß sie sich den Genuß des Essens doch zumuten konnte, wenn sie sich danach den Finger in den Hals steckte und die Nahrung wieder erbrach!

Bulimie – auch diese Eßstörung hatte ich in den letzten Jahren öfter unter meinen Patientinnen diagnostiziert, fast nie freilich durch den Bericht der Erkrankten selbst, sondern durch Folgekrankheiten: Ulcera am Osophagus oder Kehlkopfbeeinträchtigungen. Aber immer hatte ich das den Leuten auf den Kopf zusagen müssen – freiwillig gaben sie das nicht heraus! Freilich: Die Bulimiekranken brachten es meistens nicht fertig, ein so horrendes Untergewicht zu halten wie die Magersüchtigen. Sie pendelten sich meist auf das sogenannte »Idealgewicht« ein, so daß ihr Zustand selten lebensbedrohlich war. Aber abgesehen von den immer zu erwartenden Schäden durch die verätzende Magensäure an Zähnen und Rachen zeigt sich auch bei diesem Klientel bei jahrelangem Anhalten der Symptome eine erschreckende Einbuße an Lebenskraft, ja, eine Verengung ihres Charakters – eine Gegebenheit, die wohl das Kriterium jedweder langfristig anhaltender Sucht ist.

Ich hämmerte aufstöhnend gegen meinen Kopf. Ich hatte keine Lust mehr, keine Kraft – noch ein Kampf, wieder von vorn, wieder zurückstecken, wieder zurückgeworfen sein! Und würden wir je da herauskommen? Wie waren wir beiden schon isoliert! Doris hatte sich von allem zurückgezogen, Matthias hatte ich nie wiedergesehen. Meinem Freundeskreis war ich entfremdet. Ich lud niemanden mehr ein, um Doris nicht alleine zu lassen. Ich hatte so sehr gehofft, es würde nun aufwärts gehen; sie könnte vielleicht bald einmal an eine Ausbildung denken …

Und wie sollte ich ihr begegnen? Es mußte ja auf jeden Fall aufgedeckt werden. So konnten wir mit dieser Lebenslüge schließlich nicht weiter vor uns hinwursteln! Aber wie? Ach, ich fürchtete mich so! Ich selbst war schon so dünnhäutig, in der Tiefe meiner Seele verwundet von Doris' Vorwürfen und meinen Schuldgefühlen. Wie aushalten?

Vielleicht sollte ich ihr doch den Vorschlag machen, in eine Klinik zu gehen. Freilich, viel Erfolgs-Feedback war mir da noch nicht untergekommen. Die meisten Freß-Brech-Süchtigen waren bald doch wieder rückfällig geworden. Abgesehen davon: Ich war mir sicher, daß Doris zu einem solchen Vorschlag nein sagen würde. Wo gab es einen Ausweg? Mir fiel ein: In Hamburg gab es eine namhafte Kollegin. Vielleicht würde sie Doris ambulant in Behandlung nehmen? Vielleicht könnte ich sie bewegen, diesem Vorschlag zuzustimmen, wenn ich sie hinführe?

Ich beschloß, es zunächst für mich zu behalten, daß ich Doris auf die Schliche gekommen war, tat so unbefangen wie möglich und stellte nach dem Essen zusätzlich noch meinen Recorder in der Küche auf volle Lautstärke, um auf gar keinen Fall hinaufzulauschen. Das Telefongespräch am nächsten Tag in der Praxis mit der Hamburger Kollegin endete frustran. Sie könne ihr allenfalls zum Beginn des nächsten Jahres unverbindlich Hoffnung auf einen Therapieplatz machen.

»Vorher eine Beratung? Ach, Frau Collega, das ist doch nichts als gestohlene Zeit!«

Frustriert beschloß ich in all meiner Ratlosigkeit, zunächst eine Weile noch Vogel-Strauß zu spielen. Immerhin war die Atmosphäre nicht mehr so zum Zerreißen gespannt wie zuvor. Außerdem hoffte ich auf die geringe Gewichtszunahme und damit auf eine Verbesserung von Doris' Allgemeinzustand. Vielleicht konnte man davon ausgehend wenigstens irgendeinen Sport planen. Doris war tierlieb. Vielleicht – mit etwas mehr Gewicht – könnte sie reiten? So versuchte ich, mir Mut und Hoffnung zu machen. Aber als sich der Sommer neigte, merkte ich, daß diese meine Rechnung zwar aufging, aber daß Doris wieder zunehmend unruhiger wurde. Sie war stärker denn je auf die Essensvorgänge fixiert, wälzte Kalorientabellen, kaufte Berge von Ernährungsratgebern, probierte immer neue Gerichte, gab sich aber darüber hinaus zunehmend häufiger nächtlichen Freßorgien hin, so daß nur einem Tauben schließlich die fortgesetzte nächtliche Toilettenspülung verborgen bleiben konnte.

Eines Nachts machte ich mich deshalb mit schlotternden Knien nach oben auf. Doris lag laut weinend, den Kopf in die Kissen gedrückt, auf ihrem Bett; ein säuerlicher Geruch durchströmte vom Bad her den Raum. Ich strich ihr über den Rücken und sagte:

»Ach, Doris, nicht wahr, das Brechen ist auch kein Weg!«

»Weißt du einen besseren?« schrie sie mich laut aufschluchzend an. »Ich halte das nicht aus! Ich kann nicht mehr, ich kann nicht mehr!«

»Schau«, versuchte ich zu trösten, »du hast doch schon vieles geschafft, und wenn du meinst, dies jetzt ist doch zu schwer, warum willst du nicht mal in eine Spezialklinik gehen? Bulimie ist schließlich keine seltene Krankheit, da gibt es jetzt schon tüchtige Spezialisten!«

»Ha«, schrie Doris, drehte mir ihr verheultes Gesicht zu und sprühte mir wütend ihre angesäuerte Spucke ins Gesicht, »jetzt kommst du mir auch noch mit diesem Mist! Daß das nichts taugt, habe ich doch schon drüben gemerkt. Wer spuckt, der spuckt, da können die Seelenklempner gar nichts machen. Wie soll man denn sonst mit den Freßanfällen fertig werden, wie, Frau Doktor, wie?«

Ich hatte es geahnt: Gar nichts war zu machen! Ich fühlte mich so schwer, daß es mir Mühe machte, von ihrem Bettrand hochzukommen.

»Schlaf erst mal«, sagte ich tonlos, ratlos, verzweifelt, und schloß die Tür.

Was blieb mir anderes übrig, als zur Tagesordnung überzugehen? Mir fiel einfach nichts mehr ein; aber ich merkte auch: Meine Kraft ließ nach. Ich begann, in der Praxis unkonzentriert zu werden. Da saß ein Stachel in mir: Wie maßt du dir an, anderen Leuten zu raten, und kannst weder deiner Tochter noch dir selber helfen? Ich hatte mir angewöhnt, aus der Praxis zu Fuß nach Hause zu gehen, um wenigstens ein wenig Erholung zwischen zwei endlosen Anspannungen zu haben. An diesem Tag im Oktober hatte es mittags wieder einen sinnlosen Krach gegeben. Doris hatte das Gefühl, von einem Auflauf zuviel gegessen zu haben, und als ich sie trösten wollte, hatte sie plötzlich die ganze Form mit dem Rest vom Tisch auf den Küchenboden gefegt, wo sie zerbrach.

Ich platzte und schrie sie an: »Jetzt reicht's, du Wechselbalg!«

Darauf nahm sie einen der Usambaraveilchentöpfe vom Fensterbrett und warf ihn mir an den Kopf. Das heißt: Sie verfehlte mich, weil ich schnell genug auswich. Danach war ich gegangen. Oh, ich hatte keine Lust, in diese Schlangengrube zurückzukehren! Mein Herz war so schwer!

Zum ersten Mal in meinem Leben in dieser Stadt fiel mir eine Kirche ins Auge, an der mein Weg mich regelmäßig vorbeiführte. Heute läutete sie, und wie davon angezogen ging ich hinein. Eine Abendmesse fand statt, und ein junger Pfarrer hielt die Predigt. Schon der Text hatte mich aufhorchen lassen. Da war von einer griechischen Mutter die Rede, die Christus um Heilung ihrer Tochter bat. Aber er hatte ihr geantwortet: Erst muß ich den meinen, den Israeliten geben. Aber dann hatte sie ihn doch erweichen können mit den Worten: Wenn sie nur von den Brocken haben könnte, die für die Hunde vom Tisch fielen. – Sinngemäß interpretierte der Geistliche: Manchmal, wenn man ganz ratlos sei, komme man eben zu Christus gekrochen. Und deshalb müsse man manchmal wohl erst ratlos werden, um auf diese Weise den Weg zu Christus zu finden. Ich habe den ganzen Text gar nicht mehr gehört; ich fiel in die

Knie, ich löste mich in Tränen auf, ich schrie tief innen: Herr, erbarme dich, Christe, erbarme dich!

Es war schon dunkel, als ich den Heimweg antrat. Benommen, unsicher erst. Aber dann kam mir ein Gedanke: Die Hündchen zu Füßen des Herrn im Evangelium. Ja, ich würde Doris einen Hund schenken. War das nicht immer schon ihr Wunsch gewesen? »Nicht gleich heute«, bremste freilich sofort etwas in mir. »Ja, aber doch spätestens zu Weihnachten«, dachte ich wie von einer Eingebung beseelt. Ich ging schneller. Ich war wie beflügelt.

Doris saß im Wohnzimmer und hatte ein Mahl hergerichtet: so liebevoll, Schnittchen für Schnittchen. Alle Enttäuschung, alle Wut, alle Angst fielen von mir ab. Sie saß da so schuldbewußt, so hilfsbedürftig! Ich nahm sie in die Arme, und zum ersten Mal weinte sie an meinem Hals. Ich wußte auf einmal: Zwar waren wir jetzt auf der Talsohle. Aber dennoch würden wir Hilfe finden! Ich erzählte ihr spontan von meinem Erlebnis und in meinem Glück auch von meinem Einfall, ihr einen Hund zu schenken. Wir machten am selben Abend noch einen neuen Essensplan und beschlossen, nach jeder Mahlzeit als erstes mit dem Hund spazieren zu gehen, um nicht in Versuchung zu fallen. Ja, so würde es gehen.

Seit sechs Wochen gibt es nun bei uns Sandro, einen echten Cockerspaniel!

# Aneinander gefesselt

## *Doris*

Doris träumt. Sie ist in Amerika in ihrem alten Zimmer, und Hannibals Rute trommelt freudige Stakkatos auf Tischbein und Bettrahmen, da für den großen Hund nicht ausreichend Platz im schmalen Zwischenraum vor ihrem Bett ist. Schließlich stemmt er die Vorderpfoten auf die Matratze und schleckt ihr energisch übers Gesicht ...

Doris lächelt im Schlaf und dreht sich halb herum. Nanu – was schnauft denn da neben ihrem Ohr? Und da ist ja tatsächlich eine feucht-weiche Nase, die ihr sanfte Stupser versetzt! Sie schlägt die Augen auf und findet sich Aug' in Aug' mit Sandro, der sich in ihr Bett geschlichen hat – als ob der nicht sein eigenes Körbchen hätte! Aber das kluge Tier spürt eben genau, daß niemand ihm deswegen böse ist. Doris fängt automatisch an, die seidigen Ohren zu streicheln; aber das ist durchaus nicht in Sandros Sinn: Er ist längst ausgeschlafen und möchte nun spielen und herumtoben, wie sich das für ein Hundejunges gehört. Als aber das Mädchen auf sein flehentliches Winseln hin bloß das Kissen über die Ohren zieht, verbeißt er sich spielerisch knurrend in die Bettdecke und fängt an zu ziehen ...

Aufgescheucht kommt Doris hoch: »Laß das, Sandro, aus! Wenn wir noch ein Laken zerreißen, haben wir beide die Müllerin am Hals ... Na komm, ein bißchen noch im Bett – dann spiele ich bestimmt mit dir!«

Zwar ist der Hund noch zu klein, um zu verstehen, was sie sagt; aber er reagiert auf den schmeichelnden Tonfall und rollt sich neben Doris wieder zusammen, den Kopf auf ihren Bauch gelegt: »Streichle mich doch bitte!« soll das heißen.

Traumverloren kommt Doris dieser Aufforderung nach. Ach, Aufstehen ist so mühsam! Ihre Gedanken wandern rückwärts, während sie mit dem zufriedenen Welpen neben sich dahindöst. Ihr Hund – ihr Sandro! Eigentlich kann sie es immer noch nicht fassen. Wie sehr hat sie sich ihn gewünscht, aber längst schon keine Hoffnung mehr gehabt, daß Britta dem je nachgeben würde. Und plötzlich kommt sie einfach so auf die Idee! Obgleich sie eigentlich Haustiere doch nicht mag! Einfach ihr zuliebe hat sie das getan ...

Doris erinnert sich, wie aufgeregt sie auf der Fahrt zum Züchter gewesen ist. Auf dem Hintersitz schon das Körbchen für das künftige Familienmitglied, hatte sie vorn neben Britta gesessen und unentwegt von Hannibal erzählt – wie schön er war, wie lieb er war, wie gut erzogen er war – und wie schön, lieb und gut erzogen nun auch der neue Hund sein sollte! Und Britta hatte geduldig zugehört und dann – überraschend schnell eigentlich – gesagt: »So, da wären wir!«

Der Züchter dann hatte sie durch die großen Hundekojen geführt, in denen Muttertiere mit einige Wochen alten Welpen lagen, und Doris hatte sich fieberhaft gefragt, wie um alles in der Welt sie sich für einen der süßen Kleinen entscheiden sollte – bis sie dann Sandro gesehen hatte – ein Gewuschel von dunklem Fell, großen Augen und einer eifrigen rosa Zunge. Sandro war Liebe auf den ersten Blick gewesen, und Doris hatte ihn mit Brittas Zustimmung glückstrahlend im Körbchen mitgenommen und die ganze Rückfahrt lang streichelnd auf dem Schoß gehalten. Er war ja auch sehr artig gewesen in dieser fremden Umgebung, und erst ganz zum Schluß war ein kleines Malheur passiert …

Vom ersten Tag an ging Doris – trotz des Gartens – mit Sandro spazieren, nach jeder Mahlzeit, oft sogar auch mit Britta. Überhaupt: daß Britta zu solchen Zugeständnissen wie Sandro und dem ganzen damit verbundenen Aufwand bereit war, schien ja doch zu bedeuten, daß sie sie ein kleines bißchen liebhatte … Zum ersten Mal in ihrem Leben hat Doris ein Gefühl von Dankbarkeit verspürt. Ja, sie ist sogar auf die Idee gekommen, Britta dafür etwas besonders Schönes zu Weihnachten zu schenken, und hat lange hin und her überlegt, bis ihr etwas Passendes eingefallen ist. Wie schön, daß diese Überraschung dann auch so gut gelungen ist! Doris sieht noch Brittas überraschtes Gesicht, als sie ihr die handgestickte Tischdecke präsentiert hat – wochenlang hatte sie täglich daran gearbeitet, wenn Britta in der Praxis war. Ein Gefüge alter Kreuzstichmuster – mit Hilfe eines Vorlagen-Buches zusammengestellt – hatte sie mit Seidenfäden auf den Stoff gezaubert.

»Ich wußte ja gar nicht, daß du so etwas kannst!« hatte Britta nach Luft geschnappt. »Wie schön, wie wunderschön! Und solche Mühe hast du dir gegeben … Ich danke dir!« – und sie hatte sie herzlich umarmt.

Ja, denkt Doris, Mühe hat sie sich wirklich gegeben, einerseits aus Dankbarkeit, andererseits aus schlechtem Gewissen. Sie denkt an den Brief, den sie im Herbst an Bert abgeschickt hat, als die schon Wochen andauernde

Freß-Brech-Sucht ihre Kräfte erschöpft und Magenkrämpfe ihr das Leben zur Hölle gemacht hatten. Dennoch war es unmöglich, nicht zu essen – die Gier war viel zu groß. Einmal hatte sie sogar eine ganze große Käse-Sahne-Torte in sich hineingeschaufelt, so schnell, daß sie kaum noch Luft bekam – und keine zehn Minuten danach hatte sie alles wieder von sich gegeben. Bloß auf keinen Fall und unter keinen Umständen zunehmen!

Sie hatte wieder das Kochen und Einkaufen übernommen und es genossen, zusammen mit Britta herzhaft beim Essen zulangen zu können – aber unmittelbar danach kam immer das heulende Elend, bis sie aufs Klo verschwand. Bald schon war der Finger im Hals gar nicht mehr nötig – reflexartig gab ihr Magen einige Minuten nach der Mahlzeit von sich, was ihm gerade eben zugeführt worden war.

Und: Doris hatte sich vor Britta geschämt, weil diese anfangs so überzeugt von ihrer Heilung gewesen war ...

Am liebsten würde ich eine zeitlang weg von hier, hatte sie gedacht – und so den Brief in die Staaten geschrieben. Recht formlos eigentlich: daß sie Hannibal vermisse, daß es vielleicht ganz nett wäre, Bert, Phil und Claudi mal wiederzusehen. Und so ziemlich nebenbei dann auch, daß sie Bulimie habe und ihr ein Ortswechsel unter Umständen gut tun würde.

Wie ein Hagelschauer war Berts umgehende Antwort gewesen: Die Familie habe keine Lust, Doris einige Wochen lang als Gast zu beherbergen. Hannibal gehe es gut; wenn sie ihn vermisse, solle sie sich doch einen anderen Hund zulegen. Und im übrigen: Er habe sich bei einem befreundeten Psychiater erkundigt und erfahren, daß Bulimie kaum geheilt werden könne, auch nicht durch einen Ortswechsel. Trotzdem wünsche er ihr »good luck« – mit besten Grüßen.

Das ist nun mein Vater, hatte sich Doris gedacht, als sie zusammengesunken auf ihrem Bett gesessen war. Keine Hilfe, kein Interesse an einem Wiedersehen, keine Grüße an Britta und nicht mal die Aufforderung, einmal wieder zu schreiben. Ja, »good luck« auch für ihn – Strich drunter! Doch Doris' Wut hatte sich bald in einen Entschluß verwandelt. Sie war jetzt immerhin fast 18 – und sie würde selbst herausfinden, ob ihr irgendwie zu helfen war!

Sie hatte sich das Psychotherapeuten-Verzeichnis geschnappt, das Britta in der Küche hatte liegen lassen, und die Seiten durchstöbert. Es durfte niemand in Celle, mußte aber jemand in der Nähe von Celle sein, damit sie in den Stunden von Brittas Abwesenheit den Weg hin und zurück mit öffentlichen Verkehrsmitteln schaffen konnte. Schließlich hatte sie sich für eine Therapeutin in einer Nachbarstadt entschlossen und deren Adresse und Telefonnummer notiert. Wie aber die ganze Geschichte anfangen? Ihr fehlte nun doch der Mut, einen Brief zu schreiben. So hatte sie das ganze Vorhaben erst einmal auf sich beruhen lassen... bis dann der nächste große Krach gekommen war.

Doris hatte einen wundervollen Auflauf mit Obst gemacht und ihn gemeinsam mit Britta zu Mittag verzehren wollen. Er hatte auch vortrefflich geschmeckt, aber noch während des Essens hatten Doris' bohrende Magenkrämpfe sich wieder gemeldet und sie so hilflos und zornig gemacht, daß sie die ganze Keramikform auf den Boden gefegt hatte. Britta war wütend geworden, Doris hatte daraufhin endgültig die Beherrschung verloren, und dann – dann war es passiert. Zwar war der Blumentopf zerbrochen auf dem Küchenfußboden gelandet – aber was war ihr denn hier plötzlich geschehen? Doris war auf einen Küchenstuhl gefallen. Wenn sie nun getroffen hätte? Vielleicht wäre Britta jetzt tot! Hatte sie das gewollt? Nein! Aber was in ihr hatte sie dazu gebracht? Die Wut, ja, gewiß. Der maßlose Zorn! Warum hatte Britta auch so etwas Scheußliches gesagt – mitten hinein in ihre Verzweiflung. Naja, nicht gut – aber deshalb gleich ein Mordversuch? Was hätte es für einen Sinn, wenn sie tot wäre! War Britta nicht der einzige Mensch, den sie auf der Welt hatte?

Schuldbewußt und mit den Nerven am Ende hatte Doris daraufhin mehrere Stunden lang geheult, während sie die Scherben weggekehrt und die Küche aufgeräumt hatte. Dann kam sie auf die Idee, Schnittchen fürs Abendessen zu bereiten. Schließlich dann hatte sie sich zusammengenommen, den Zettel mit der Adresse der Therapeutin gesucht und auf gut Glück dort angerufen. Eine warme Stimme war am Apparat gewesen. Doris hatte tief Luft geholt und begonnen: Sie heiße Doris Damann und sei 18 Jahre alt. Und sie wolle eigentlich nur fragen, ob es möglich sei, Magersucht und Bulimie zu heilen … Dann hatte ihr ein Kloß die Kehle zugeschnürt.

»Nun, das ist ein weites Feld und hat viel damit zu tun, wieviel ein Patient sich selbst miteinbringt«, hatte die Stimme geantwortet. »Sie haben Not, höre ich. Schreiben Sie mir doch einfach einen Brief und schildern Ihre Situation. Sie bekommen bestimmt Antwort.«

»Ja, danke«, hatte Doris mit weichen Knien in den Apparat gehaucht und aufgelegt. Hatte Bert unrecht mit seiner Auskunft gehabt? Gab es doch Hilfe für sie?

Tief in Gedanken versunken, schuldbewußt und zerknirscht hatte Doris anschließend im Wohnzimmer auf ihre Mutter gewartet. Würde sie sie jetzt vor die Tür setzen? – Aber dann war ein Wunder passiert. Britta war irgendwie anders gewesen – ruhig, gelassen, fast wie ein bißchen abgehoben. Alles war gut geworden. Und an diesem Abend hatten sie einander zum ersten Mal richtig verstanden …

# Rettungsversuche

## *Britta*

*25. 12. 94*

Mein Jahresbericht: Ach, zum ersten Mal habe ich nicht unter Ächzen und Stöhnen das Schloß meines Albums gelöst – zum ersten Mal schreibe ich nicht nur, um mich zu entlasten – zum ersten Mal drängt es mich aus Freude an den Schreibtisch. Liebes Tagebuch, du meine Klagemauer, kannst du dir das vorstellen? Wir haben Weihnachten gefeiert – richtig Weihnachten! Nicht wahr, das kannst du dir nicht vorstellen, das ist zu unwahrscheinlich, das ist zu wenig verstehbar – und doch ist es wahr!

Auch dieses Jahr war noch enorm schwer, und allzu oft bin ich mir vorgekommen wie der arme Sisyphos persönlich – und doch war es bisher das schönste Jahr in meinem ganzen Leben.

Mit Sandro hat es angefangen. Sandro brachte schon sehr viel. Warum war ich nicht schon viel früher auf die Idee gekommen? Aber ich hatte eben immer noch meine Vorbehalte in den Vordergrund gestellt. Ich hatte eben bisher immer noch nicht begriffen, daß ich mich ganz geben, ganz entäußern müsse, wenn das Großexperiment Doris gelingen sollte. – Wir gingen also unmittelbar nach jeder Mahlzeit gemeinsam mit Sandro spazieren. Das war ungemein vergnüglich, weil Doris ja gleichzeitig genug damit zu tun hatte, das Jungtier zu erziehen. Ihre Gedanken konnten nicht an der genossenen Mahlzeit hängenbleiben; sie wurde durch Sandro zu sehr abgelenkt. Außerdem liefen wir ja, manchmal sogar in schnellen Schritten, die uns der Welpe abnötigte. Das verbraucht schließlich Kalorien.

Sandro schlug also ganz phantastisch ein. Ich hörte nichts mehr vom Erbrechen. Ich kochte ausgewählt und kalorienbewußt, um ihr so mein Verstehen der Angst vor einer nicht stoppbaren Gewichtszunahme täglich neu zu signalisieren. Auch in meiner Abwesenheit war Doris jetzt – ihrem noch beeinträchtigten Status angemessen – mit Hundedressur reichlich ausgelastet; und es gab zwischen uns neuerdings so etwas wie Einverständnis, ja, gelegentlich geradezu von Übereinstimmung.

Mir schien die Schlacht fast bereits gewonnen, und ich begann, heimlich Pläne für Doris' Zukunft zu schmieden. Ihr körperlicher Zustand hatte sich gebessert, und seit sie die Haare offen trug, hatte ihre Gestalt so etwas wie eine mädchenhafte Natürlichkeit entwickelt, die freilich unter den weiten Pullovern nicht voll zur Geltung kam.

Eines Tages präsentierte sie mir eine Broschüre über den Einstieg in eine Tier-Heilpraktiker-Laufbahn. Das fand ich zwar einigermaßen skurril, freute mich aber über ihre Initiative als eines sichtbaren Zeichens ihrer Besserung. Ein Praktikum bei einem Tierarzt wurde von der Mitte des Jahres an geplant und mit Hilfe eines Freundes anberaumt. Ich bekam wieder etwas mehr Luft, machte infolgedessen wieder mehr Praxis und fuhr sogar einmal mit Doris' Einverständnis auf eine Fortbildungsveranstaltung. – »Ich habe doch Sandro«, sagte sie verständig. Dort freilich lernte ich Michael kennen, einen geschiedenen Kollegen in meinem Alter. Wir mochten uns auf den ersten Blick – und ich war so ausgedörrt seit dem Bruch mit Matthias, so innerlich wie verklebt von all der Konzentration auf Doris. Ich sog seine warme Art, seine Komplimente, seine Nähe auf wie ein vertrockneter Schwamm.

Wir trafen uns ein paarmal in Hannover – der Weg zu seiner Wohnung in der Nähe der Uni-Klinik ist nicht weit. Im Grunde möchte er wohl den Absprung finden – weg von der Inneren Abteilung dort in eine Praxistätigkeit als niedergelassener Arzt. Der Gedanke einer Gemeinschaftspraxis tauchte auf, bald auch sein Antrag, mich zu heiraten. Aber ich bat um Zeit. Noch hatte ich – eingedenk der schrecklichen Szenen mit Matthias – Doris meine Freundschaft mit Michael wie Michael meine schweren Nöte mit der Tochter geheim gehalten; aber da Michael verständlicherweise darauf drängte, mir in Celle einen Besuch zu machen, wagte ich bei Doris einen Vorstoß. Wir hatten praktisch keinen Besuch mehr empfangen im vergangenen Jahr. Aber das konnte doch nicht zum Dauerzustand werden! Zwar war mir beklommen zumute; aber es mußte doch versucht werden!

Nach einem Spaziergang an einem warmen Abend Ende April kredenzte ich eine Flasche leichten italienischen Rotwein für uns beide. Doris saß auf der Couch, spielte mit Sandro und hatte das größte Vergnügen daran, ihm das Weinglas unter die Nase zu halten und sich an seinem Widerwillen zu ergötzen, den er durch heftiges Ohrenschütteln bezeugte.

»Ich hab' da für Samstag nachmittag einen Kollegen eingeladen«, begann ich zaghaft. Erst hatte ich den Eindruck, Doris hätte es nicht verstanden. Sie rutschte auf die Erde und rollte mit Sandro über den Teppich. Ich begann noch einmal: »Es kommt ein Gast«, wiederholte ich.

Doris kam hoch mit dem Kopf: »Neue Liebe?« sagte sie, und ihre Augen verengten sich. Es schien mir, als verdunkelten sie sich wie bei einer Katze vor dem Sprung.

»Ich hasse das, was soll der Quatsch? Muß der womöglich was zu essen haben?« fragte sie.

Mir wurde so flau, ich hatte regelrecht Angst. Am liebsten hätte ich geschwiegen – angesichts dieses lauernd-sprungbereiten Blicks von unten zu mir herauf.

»Doch«, sagte ich, »ein wenig schon. Das wäre doch allzu komisch, wenn ich ihn gar nicht bewirtete.«

Doris kam ruckartig hoch.

»Aber ohne mich!« schrie sie und knallte die Tür hinter sich zu.

Sollte ich nachgeben? Sollte ich ihr die neue Beziehung opfern? Ich war ratlos darüber, noch ohne zu einer Entscheidung zu finden.

Als der Morgen heraufdämmerte und die Vögel zu singen begannen, erinnerte ich mich daran, daß mir der Einfall mit Sandro doch durch den Gang in die Kirche gekommen war – durch einen biblischen Text. Vielleicht gab es hier abermals Hilfe? Hatte ich nicht irgendwo eine Bibel? Ich schlich ins Wohnzimmer. In der hinteren Ecke des Regals fand ich sie tatsächlich – alt und verstaubt. Ich schlug sie wahllos auf und mein Blick fiel im Evangelium des Matthäus auf folgende, dick hervorgehobene Textstelle:

»Jesus sprach zu ihm: Du sollst lieben Gott, deinen Herrn, von ganzem Herzen, von ganzer Seele und von ganzem Gemüte. Das ist das vornehmste und größte

Gebot. Das andere aber ist ihm gleich: Du sollst deinen Nächsten lieben wie dich selbst.«

Während ich las, einmal und noch einmal, kam mir der Gedanke: Vielleicht waren die Schwierigkeiten mit Doris so hartnäckig, weil ich Gott nicht liebte? War die Hinwendung zu Christus nicht auch die Voraussetzung zur Heilung der Tochter der griechischen Frau gewesen? Und hatte die nicht um Hilfe gebettelt? Aber wie Gott lieben? Wer ist Gott? Gibt es ihn überhaupt? Und wie so etwas Imaginäres lieben? Aber ist nicht jede Voraussetzung zum Lieben, daß man sich hinwendet, daß man die Ohren aufstellt? Hatte ich je hinauf gehorcht? Hatte ich mich je mit Glaubensfragen beschäftigt? Vielleicht sollte ich es wirklich einmal mit dem Kirchgang, mit Gottesdienst versuchen?

Und wie ging das mit dem zweiten Teil des Gebotes von Christus: den Nächsten lieben – ja, doch, mein Nächster war und ist Doris. Und durch alle Frustration, durch alle Beleidigungen und Aggressionen hindurch war da doch Liebe gewachsen, je mehr ich mich in ihre Seele vertiefte und ich ihre Leiden zu verstehen gesucht hatte, Liebe und Schuldgefühle: dem verlassenen Kleinkind Doris gegenüber, der immer wieder verlassenen Halbwüchsigen gegenüber, der zur Abtreibung Genötigten gegenüber. Schuld – nicht rückgängig zu machen, falsches Handeln pur.

Mich begann plötzlich, das heulende Elend anzufallen. Wie sollte es denn je daraus ein Entrinnen geben? Wie hatte ich meinen können, aus dieser Grube je wieder herauszukommen – leichtfertig durch eine neue Beziehung?

Mit verschwommenem Blick starrte ich weiter auf den

Text, und der fiel auf den Schluß dieser Passage: »... wie dich selbst«.

Was wird mir Sünderin da von diesem Gott zugebilligt? Mich dennoch weiter auch selbst zu lieben? Dennoch weiter? Trotz all der Verfahrenheit und Verworfenheit? Wie barmherzig, wie lieb, wie freundlich!

»Ach, ich danke dir, Herr«, fiel es mir plötzlich ein, laut zu sprechen! Mir fiel das wie ein Jubel ins Herz: Du, Gott, willst mir dennoch wohl? Du verdammst mich nicht? Verurteilst mich nicht zum Tode? Läßt mich leben? – Auf einmal war da ein unsägliches Gefühl von Erleichterung in mir. Ich weinte, ich dankte, ich liebte hinauf.

Eine Entscheidung war damit noch keineswegs getroffen; aber als ich mich gefaßt hatte, begann ich zu hoffen, daß mir die ganz von selbst zufallen würde, wenn ich mich nur erst einmal in diesem Gefühl von Dankbarkeit und Lieben mit dem Glauben beschäftigen würde. – Doris sagte ich, ich hätte den Besuch verschoben, und das tat ich dann auch. Ich führte mit Michael ein langes Telefongespräch. Ich hatte auf einmal den Mut, ihm reinen Wein über meine Situation einzuschenken. Ich riskierte es, ihm von meiner seelisch kranken Tochter zu erzählen, von unserer Isolation, von meinem noch nicht ausgestandenen Kampf.

Ich bat um Aufschub, und mir wurde während des Gesprächs leichter und leichter. Ich hatte mit einer Lebenslüge, mit einer Täuschung in diese neue Beziehung einsteigen wollen – aus Angst, der neue Partner würde dann zurückweichen. Ich merkte nun aber, daß meine Offenheit gleichzeitig ein zwingend notwendiger Test war: Entweder war dies ein Mann mit Liebe für mich und Freude an gemeinsamer Verantwortung – oder ein Heuchler mit einem kalten Egoismus als Kern.

Michael war erschüttert über meinen Bericht. Aber es fiel ihm schwer zu verstehen, daß er deshalb auf den Besuch verzichten solle. – »Machst du das auch richtig?« meinte er unsicher. »Geht dieses Zugeständnis an die Macke deiner Tochter nicht zu weit? Können wir uns denn nicht wenigstens doch weiterhin bei mir treffen? Ich habe solche Sehnsucht!«

Glücklich über den Ausgang des Gesprächs sagte ich zu.

Das waren einige schöne Wochen in der nächsten Zeit; denn erstens fand ich nun in Michael einen Zuhörer für all den aufgestauten Kummer der vergangenen Jahre, und zweitens begann ich, einen Glaubensgesprächskreis zu besuchen, der – von einer frommen Religionslehrerin angeführt – mich mit tiefen Einblicken in das Christentum beschenkte. Das war für mich unbändig erschütternd und befreiend: Erstmals zu verstehen, was das Kreuz bedeutet: Du, elende Person, mit all dem Quatsch deines Lebens, du bist gerettet, du bist gelöst von der Last deiner Schuld, die dich fertig macht ... – das machte mich tatsächlich frei! Ich konnte nachts wieder schlafen, ein Gefühl von Frieden durchströmte mich. Ich hatte viel mehr Kraft – auch für die Patienten. Doris geriet mir in der Euphorie dieser Stimmung innerlich ein wenig aus dem Blick. Ich hatte nicht mehr eine so seismographische Obacht auf sie.

Eines Abends kam sie mir mit einem strengen Gesichtsausdruck bleich ins Schlafzimmer nachgelaufen, wo ich mit Michael telefoniert hatte.

»So«, sagte sie inquisitorisch, »du verabredest dich also mit ihm. Es ist gar nicht aus!«

»Habe ich das je behauptet?« erwiderte ich erschreckt.

»Aber du hast doch ganz genau gemerkt, daß es darum ging: Er oder ich! Was sonst?«

Ich holte tief Luft und nahm all meinen Mut zusammen.

»Doris«, sagte ich, »natürlich kommst du in meinem Leben zuerst; aber meinst du, daß es uns beiden auf die Dauer gut tut, wenn wir uns so von allem Umgang abkapseln? Fangen wir dann nicht doch an, uns nur um uns selbst zu drehen? Michael würdest du sicher leiden mögen und akzeptieren können. Denk mal, wir hätten noch einen Menschen in unserer Nähe, der uns wohl will. Wenn mehrere gemeinsam eine Last tragen, ist sie leichter.«

»Ihr zu zweit – mich als Last?« höhnte Doris. »Dergleichen kenn' ich!«

»Nein«, widersprach ich mit aller Festigkeit, die mir neuerdings zugewachsen war, »im Gegenteil. Er könnte vielleicht mit mir eine Gemeinschaftspraxis machen, und ich bekäme viel mehr Zeit für dich. Wir könnten länger miteinander verreisen, ohne daß die Patienten wegliefen; denn er ist ein tüchtiger Internist«, versuchte ich, Doris zu überzeugen. – Aber sie blieb finster, und das hätte mich eigentlich warnen sollen; aber ich war zu beglückt, als ich sie sagen hörte: »Na gut, dann laß ihn doch mal kommen, damit wenigstens diese Geheimnistuerei aufhört!«

Innerlich schmunzelte ich sogar ein wenig über meine junge Frau Oberlehrerin. Denn was hatte ich von ihr für

Geheimnistuerei aushalten müssen, wie viele unsägliche Vertrauensbrüche!

Michael wurde also eines Samstagnachmittags eingeladen, und Doris hatte sich ausbedungen, ein erlesenes Abendessen vorzubereiten – ein viergängiges Diner mit gefülltem Putenbraten als Hauptgang, das ihr viele Möglichkeiten gab, immer wieder in die Küche zu verschwinden. Es gelang auch recht gut, dieses erste Beschnuppern. Michael war angenehm überrascht nach all meinen Horrorberichten, und Doris hatte vor Anstrengung rote Bäckchen.

Aber dann machten wir einen Riesenfehler: Michael überraschte uns mit drei Theaterkarten fürs Celler Schloß, und während ich mich freute, sagte Doris eisig, sie habe mit dem Aufräumen in der Küche noch reichlich zu tun. Wie sollte ich nein sagen? So entschwanden wir nach eiliger Drapur, flüchtigem Kuß und Verdrängung aller Bedenken.

Mein Erwachen gegen ein Uhr nachts (wir waren noch in einer kleinen gemütlichen Bar gewesen) war furchtbar. Ich kam mir vor, als rutschte ich mit einem Schlag in das finsterste aller Löcher.

Ich war leise durchs Wohnzimmer geschlichen, hatte in meinem Bad erst das Licht angeknipst – und prallte zurück: Das Klo, die Wände, die Vorleger, zum Teil auch die Badewanne waren mit roten Klecksern und Spritzern, aber auch mit Erbrochenem übersät. Es stank giftig sauer. Ich kehrte um, ich rannte nach oben – »Doris«, rief ich, »Doris!« – Keine Antwort. Ich raste durch ihr Appartement – keine Doris. Ich stürzte die Treppe hinunter in die Küche. Auch dort Verheerung: Die Pute – nur als Gerippe, die Töpfe mit Rotkohl leer, und auf dem Tisch drei leere Flaschen Beaujolais und eine angebrochene Flasche Cognac. Doris hatte eine Freßorgie gefeiert! Aber wo war sie?

Ich begann wieder, rufend überall zu suchen, im Keller, auf dem Boden, im Garten. Keine Tochter! Ach, ich war so voller Angst, ich sah sie schon irgendwo am Wäschehaken baumeln; ich wähnte, im dunklen Garten über sie zu stolpern. Dann klingelte in meinem Schlafzimmer das Telefon. Ich stürzte hinein: Hatte jemand sie gefunden? Kam nun doch das Fallbeil meiner nicht mehr löschbaren Verurteilung? Ich raste zurück ins Haus, stürzte an den Nachttisch – und da sah ich sie: Sie lag in meinem Bett, umgeben auch hier von Erbrochenem. Bewußtlos – tot?

Ich nahm dennoch den Hörer des fortwährend läutenden Telefons ab. Es war Michael. Ich stammelte nur: »Bitte, Michael, komm! Oh, ich weiß nicht – vielleicht ist Doris tot…« – »Sofort, so schnell ich kann«, kam es zurück.

Ich beugte mich über Doris, prüfte Pupillen und Puls; nein, sie lebte, wenn auch bewußtlos. Hatte sie nur eine Alkoholvergiftung? Oder hatte sie sonst noch etwas genommen? Ich rief den Notdienst. Es war mir unendlich peinlich. Schließlich kannten mich die Kollegen alle. Der Wagen kam schnell. Ich versprach, nachzukommen; denn – und ich schäme mich, das niederzuschreiben – ich war einfach zu feige, mich der Situation zu stellen. Ich begann die Schweinerei zu beseitigen und wartete auf Michael. Laut heulend setzte ich mein Badezimmer unter Wasser, laut heulend riß ich das Bettzeug ab und beförderte es in die Waschmaschine; denn mir war ja klar geworden, warum Doris nicht ihre eigene Wohnung versaut hatte: Ihre Einsamkeit, ihre Wut, ihre neue Verlassenheit hatte sie hier ausgetobt, um mich zu treffen. Oh, wenn sie nur durchkäme!

Michael fuhr vor – nur eine knappe Stunde hatte er gebraucht – und wir rasten gemeinsam in die Klinik. Doris zum zweiten Mal auf der Intensivstation, zum zweiten Mal den vorwurfsvollen Blick des Nachtdienst tuenden Kollegen. – »Doch«, sagte er tröstend, »wir werden sie schon hochbringen; sie ist ja nicht mehr ganz so spindeldürr, und es ist nur der Alkohol, kein weiteres Gift. Vor morgen wird sie aber vermutlich nicht aufwachen.«

Ich kroch erschöpft zu Michael ins Auto und weinte mich an seiner Schulter aus. »Was mute ich ihm da zu?« dachte ich im selben Augenblick. »Männer halten so etwas doch nicht aus! Bestimmt wird er mich über kurz oder lang verlassen.«

Da fing Michael leise an zu sprechen.

»Weißt du«, flüsterte er erschüttert, »es ist doch klar, daß Doris sich mit dieser Einladung überfordert hat. Sie ist eben noch nicht so weit. Ich mache dir folgenden Vorschlag: Ich nehme meinen Jahresurlaub und spiele in deiner Praxis Vertretung, während du und Doris in eine psychosomatische Klinik geht. Ich kenne da eine vorzügliche Schmiede in Süddeutschland, wo – wenn auch in getrennten Häusern – die Mütter mit aufgenommen werden. Wenn ihr wiederkommt – und du hast das Gefühl, sie braucht dich noch länger ganz, und ich mich dreinfinde in deine Praxis – kündige ich und mache mit dir eine Gemeinschaftspraxis auf. Ich halte dir den Laden am Brennen, bis du wieder mitmachen kannst. Laß uns jetzt zu dir fahren. Ich werde in der Klinik anrufen und mich beurlauben lassen. Du machst mir einen starken Kaffee, ich vertrete dich in der Praxis, und du erholst dich, bevor du wieder ins Krankenhaus gehst.«

Ich sagte zu allem nur dankbar ja.

Diesmal hat Doris sich freilich rasch wieder erholt. Trotzdem waren meine Gänge ins Krankenhaus eine Art Spießrutenlaufen.

»Wie kommt das, daß Ihre Tochter nun schon zum zweiten Mal versucht, sich umzubringen?« sagte taktlos die Stationsschwester. Und die nichts sagten, gafften mich böse an, als sei ich eine Hexe und Rabenmutter obendrein. Ich war froh, als ich Doris bald schon nach Hause nehmen konnte, wo sie mir gestand, daß sie verschwiegene Freßanfälle in der letzten Zeit doch schon häufig gehabt habe.

»Du warst immer seltener zu Haus, und im Eisschrank waren immer so gute Sachen«, gab sie zu. »Aber«, und dann begann sie zu weinen, »ich fürchte mich so! Es ist so, so schrecklich, wenn ich im Anfall stecke! Ich fürchte mich. Mir passiert das bestimmt wieder!«

Aber bevor ich ihr mit Michaels Plan kommen konnte, fuhr sie fort: »Ich habe im vorigen Jahr bei einer Therapeutin angerufen und ihr auch schon mal geschrieben. Die meint, sie kann mir vielleicht helfen.«

Es war leicht, daran meine Pläne anzuschließen; aber Doris schüttelte den Kopf.

»Ich möchte es lieber hier versuchen und, und … bei Sandro und dir bleiben«, sagte sie und lehnte doch tatsächlich ihren Kopf an meine Schulter. Ich war selig – trotz allen Elends.

Die Therapie läßt sich auch tatsächlich ganz gut an. Doris fährt selbständig mit der Bahn zu der Kollegin, und ich mache nur an den Tagen Praxis, an denen sie aushäusig ist. Michael ist schon sehr gut als mein Compagnon eingewöhnt. Zu Hause tritt er aber mit Rücksicht auf Doris kaum in Erscheinung. Weihnachten wolle er Ski laufen, gab er mir zu verstehen. Und ich war dankbar für das Geschenk eines Mannes, der rücksichtsvoll hilft, bedrohliche Konflikte gar nicht erst zu provozieren.

Ich hingegen beheimate mich immer mehr im Glauben. Der Kirchgang und das Gebet werden zum Bedürfnis. Auch wenn die Situationen mit Doris kritisch wird, bin ich viel weniger leicht aus der Fassung zu bringen. Ich bekomme Kraft, realiter Kraft auf eine geheimnisvolle Weise! Ganz vorsichtig habe ich dann ein christliches Weihnachtsfest vorbereitet: mit einem kleinen Tannenbaum, mit ein paar schönen Geschenken. Dazu gehörte eine CD mit Chorälen aus dem Weihnachtsoratorium von Bach. Die habe ich Doris gestern vorgespielt. Sie saß angelehnt an mich. Wir waren glücklich!

# Rettungsversuche

## *Doris*

Doris steht auf einer blumenübersäten Wiese. In ihrer Mitte ist ein Kirschbaum, dessen reife rote Früchte in der Sonne leuchten. Doris ist glücklich ... Dieses Gefühl hält auch noch an, als sie die Augen aufschlägt und erkennt, daß sie das nur geträumt hat. Heute ist aber auch ein schöner Tag – sie wird bei Dr. Voigt das Tierarztpraktikum beginnen, und ihre Vorfreude darauf ist groß. Ihren künftigen Chef hat sie zwar erst einmal gesehen, aber der sympathische Fünfziger, der so einfühlsam und geschickt mit Tieren umgehen kann, hat sie sofort beeindruckt.

Doris geht ins Badezimmer. Sie fühlt sich gut. Ist sie schon gesund? – Eine heiße Dusche, denkt sie fröhlich, und dann ab in die neuen Klamotten, die sie zusammen mit Britta vor einigen Tagen gekauft hat. Ein erfolgreicher Einkaufsbummel war das gewesen. Es ist das erste Mal nach langer Zeit, daß Doris wieder einmal das Haus verlassen hat, und es hat sie noch beträchtlich angestrengt.

Britta steckt den Kopf zur Tür herein: »Na, bist du fertig für den großen Tag?« fragt sie lächelnd. »Hübsch siehst du aus! Du hattest recht, dies Violett steht dir wirklich gut; das hätte ich nicht gedacht!«

* * *

Die ersten Tage in der Praxis vergehen wie im Flug. Doris ist entzückt von den vielen niedlichen Tieren, die zur Behandlung gebracht werden, und würde am liebsten jedes einzelne auf den Schoß nehmen und liebkosen. Nun, fast jedes einzelne jedenfalls – vielleicht nicht die bissige Südstaaten-Schildkröte mit dem verletzten Bein und auch nicht den übelriechenden Geier mit der lahmen Schwinge, den ein Tierpfleger aus einem Zoo bringt… Ihre schwärmerische Bewunderung für Dr. Voigt verstärkt sich um so mehr, je mehr Gelegenheit sie bekommt, ihn mit den Tieren arbeiten zu sehen: Seine ruhige, beherrschte Ausstrahlung kann auch das nervöseste Tier beschwichtigen und zutraulich machen. Den Helferinnen gegenüber bleibt er fast immer freundlich und gelassen. So einen Vater hätte sie sich gewünscht – noch besser so einen Mann!

Doris gibt sich um so mehr Mühe in der Praxis, je mehr sie diesen Chef verehrt. Sie giert nach jedem Lob aus seinem Mund. Damit geizt er freilich und beachtet auch sonst ihre Schwärmerei nicht weiter. Das enttäuscht sie und macht ihr wieder diese hungrig-hohlen Gefühle; aber immerhin kann sie in seiner Nähe sein. Abends tollt sie ausgiebig mit Sandro herum. Das hilft auch. Sandro nämlich ist eifersüchtig – nicht nur, daß Doris ihn am Tag über Stunden allein lassen muß, nein: Sie riecht auch noch nach jeder Menge Konkurrenz, wenn sie abends heimkehrt. Er muß seinen Platz verteidigen und tut das mit unruhigem Unverstand. Sandro braucht sie dann doppelt, spürt Doris.

Wenn Britta abends nicht regelmäßig mit diesem Michael telefoniert hätte, wäre vielleicht alles gut gegangen. Hatte sie denn nicht unmißverständlich klargemacht, daß sie ihr ganz allein gehören mußte? Zudem läßt Britta sie am Abend immer öfter allein – manchmal fährt sie bestimmt zu diesem Michael nach Hannover, aber sie behauptet, regelmäßig zu einem Glaubensgesprächskreis zu gehen. Doris ist mißtrauisch. Seit wann hat Britta etwas mit Frömmelei am Hut?

»Was macht ihr da eigentlich?« fragt sie die Mutter einmal.

»Ach, wir lesen meist eine Bibelstelle und sprechen dann darüber«, kommt die verlegene Antwort. »Eine Religionslehrerin bietet uns den exegetischen Hintergrund, und wir alle gemeinsam überlegen dann, was der Text für unser konkretes Leben hier und heute aussagen könnte. Dann beten wir auch noch ... Du kannst gerne mal mitkommen, wenn es dich interessiert!«

»Bloß nicht!« hat Doris sich geschüttelt und ist gleichzeitig beruhigt gewesen. Wenn Britta sie einlädt mitzukommen, kann es nicht bedeuten, daß sie die Abende bei Michael verbringt.

Aber sie hat heimlich doch wieder angefangen zu brechen. Sie fühlt sich so einsam, so verlassen! Britta scheint ihr in eine Welt zu entgleiten, zu der sie keinen Zutritt hat – und dabei hat sie doch so lange auf eine innere Übereinstimmung zwischen ihr und der Mutter gewartet. Soll die sich nun wieder in Luft auflösen?

Doris fühlt sich trotz Sandro abends allein. Der Hund hat inzwischen ihr Verhalten zu deuten gelernt und bricht in Winseln aus, wenn sie plötzlich aufspringt und in die Küche läuft, um alles in sich hineinzustopfen, was sie nur greifen kann – weiß er doch genau, daß einige Minuten später dieser gräßliche Geruch aus dem Badezimmer kommt und Doris sich erschöpft weinend aufs Bett werfen wird, ohne auf sein ermunterndes Schlecken und Schubsen zu reagieren.

Wütend stellt Doris Britta eines Tages zur Rede. Sie will Britta für sich alleine haben, ist das denn noch immer nicht klar? Diese begegnet ihr jedoch mit entschiedener Festigkeit: Gewiß, Doris komme für sie immer an erster Stelle – aber das sei doch wohl kein Grund, sich total von allem anderen Umgang abzukapseln! – Doris will erst beleidigt reagieren, lenkt dann aber doch ein: Schön, dann wolle sie diesen Michael eben kennenlernen, mit selbstgekochtem Abendessen – punktum!

Widerwillig muß sie sich dann eingestehen, daß Michael ihr sogar ausnehmend gut gefällt. Er hat eine gewisse Ähnlichkeit mit Dr. Voigt, wenn er auch jünger ist als dieser. Dieselbe ruhige Art, dieselben sensiblen Hände, derselbe wache Blick ... Aber trotz all seiner Zurückhaltung ist nicht zu übersehen, wie verliebt er in ihre Mutter ist. Für Doris ist das wie ein Stich. Sie fühlt sich betrogen und weiß doch nicht, warum.

Aber ihr Essen – das ist ihr hervorragend gelungen, und sowohl Michael wie auch Britta sparen nicht mit Komplimenten. Dann aber kommt Michael mit den Theaterkarten ... Doris kennt dieses System von Bert und Claudi. Allzu oft hat sie erlebt, wie sie ›anstandshalber‹ mitgenommen wurde – ›weil man sie eben nicht ganz vom Familienleben ausschließen konnte‹ – und hat sich dann regelmäßig als fünftes Rad am Wagen gefühlt, wenn die beiden Erwachsenen ihrem Verlangen nach Ungestört-Sein deutlich Ausdruck verliehen hatten ...

Britta und Michael scheinen sich durch ihre Absage auch nicht allzu belastet zu fühlen – ab die Post!

Doris läßt ihrer Verzweiflung freien Lauf. Ohne sich

irgendwie zügeln zu können, setzt sie sich an den Küchentisch und beginnt, in affenartiger Geschwindigkeit das noch übrige Essen in sich hineinzustopfen – die Käse-Gemüse-Häppchen, den Rotkohl, das viele Putenfleisch, die Kartoffeln, den Salat, das Zitronen-Sorbet, den Eis-Sahne-Kuchen ... Sie schluchzt dabei laut und verzweifelt vor sich hin, würgt zwischendurch etwas heraus, dann schlingt sie weiter. Sandro hat sich längst ins Obergeschoß verkrochen. Ohne sich bewußt zu werden, was sie tut, entkorkt sie dazwischen eine Weinflasche nach der anderen und trinkt den Rotwein wie Mineralwasser, um die zu großen Bissen hinunterspülen zu können. Ach, nun ist ohnehin alles egal, nun ist alles aus. Blindlings ergreift Doris eine Cognacflasche und trinkt auch daraus noch mit großen Schlucken.

Schließlich steht sie auf, schwankt, muß sich am Küchentisch festhalten. Der ganze Raum beginnt sich zu drehen. Oh, wie ist ihr elend! Mühsam hangelt sie sich zur Treppe und zieht sich Stufe für Stufe am Geländer hoch, taumelt dann in ihr Appartement und fällt aufs Bett. Sandro kommt angeschlichen und winselt zum Steinerweichen. Doris bricht in schrilles Gelächter aus. – »Hör schon auf«, lallt sie, »mir geht es gut, siehst du das nicht? – Das ist doch ein wundervolles Leben – fressen, brechen, fressen, brechen, fressen, brechen ...«

Der Hund schnappt nach ihrem linken Hosenbein und beginnt, aus Leibeskräften daran zu ziehen. Irgendein Instinkt sagt ihm, daß es nicht gut ist, was hier vor sich geht.

»Glaub ja nicht, ich sei betrunken!« kichert Doris und rülpst vor sich hin. »Ich könnte sofort aufstehen und weggehen, wenn ich wollte; ich will nur nicht ... ich will nicht, ich will nicht!«

Schließlich wird ihr noch übler, und sie versucht, hochzukommen und ins Bad zu gehen. Sandro ist ihr vorausgelaufen und sitzt schon neben der Wanne, als Doris taumelt, gegen die Tür stößt und sie von außen einschnappen läßt. Dann sinkt sie zusammen. Sandro – eingesperrt – fängt an zu bellen und gegen die Tür zu springen, aber ohne Erfolg. Doris hört ihn nicht mehr. Als sie nach einigen Minuten halb wieder zu sich kommt, hat sie nur einen Gedanken: Britta – sie muß zu Britta!

Mühsam stemmt Doris sich hoch und wankt, taumelt, fällt fast in Brittas Räume – doch keine Britta ist da! Blöde, ewig abwesende Mutter! Sie beginnt wütend, die Badehandtücher auf den Boden zu zerren. Gleichzeitig fängt sie an, sich zu übergeben, im Badezimmer, im Flur, im Schlafzimmer der Mutter. Doris fällt auf Brittas Bett, erbricht immer weiter, weiß plötzlich nicht mehr, wo sie ist. Ein bleierner Nebel steigt aus all dem Drehen auf, hüllt sie ein, trägt sie mit sich fort.

Grelles Licht blendet sie, als sie die Augen wieder aufschlägt. Blendende Weiße, blitzende Metallstäbe, rundherum Apparaturen. Wo ist sie? Und wo ist Sandro?

Ein Gesicht gerät in ihr Blickfeld – es scheint ihr irgendwie bekannt zu sein.

»Sandro?« flüstert sie mühsam.

»Na, kleine Lady, da sind wir ja wieder«, sagt das Gesicht. »Geht es Ihnen besser?«

»Was ... passiert?« haucht Doris.

»Sie hatten eine Alkoholvergiftung«, informiert sie das Gesicht, »und Sie sind auf der Intensivstation. Als

Sie das letzte Mal da waren, hatten Sie eine Überdosis Drogen genommen... Versuchen Sie das eigentlich öfter?«

Doris laufen Tränen über's Gesicht.

»Zuviel gegessen ...«, stammelt sie.

»Ja, ja, schon gut«, sagt der Arzt beruhigend.

»Schlafen Sie jetzt ein bißchen«, hört sie und nickt auch wirklich sofort ein.

Als Britta sie nach Hause holt, erzählt sie ihr bereits im Auto, daß sie in den letzten Wochen wieder häufig Bulimie-Anfälle gehabt habe. Sie soll das nun auch wissen, will Doris, man sieht ihr an, wie schuldig sie sich fühlt. Aber das ist ihr gerade recht. Sie hat schließlich auch Schuld! Aber dann reicht es ihr, daß die Mutter in ihrer Verzweiflung über dieses Geständnis fast die rote Ampel übersehen hätte.

Zu Hause sieht sie, wie lieb Britta ihren Empfang vorbereitet hat. Beschwichtigt in ihrem Rachedurst beginnt sie, während sie vorsichtig den Tee zum Mund führt:

»Ich habe im vorigen Jahr einmal bei einer Therapeutin in der Nähe angerufen und ihr auch geschrieben. Sie meint, sie könne mir vielleicht helfen ... Bitte, kann ich da nicht hingehen?«

Britta – inzwischen durch Michael in der Praxis entlastet – hat andere Pläne, gibt Doris' Wünschen aber bereitwillig nach: »Wenn die Therapeutin gut ist ...«

Die ersten Therapiestunden sind fast ausschließlich damit vergangen, über das Thema Essen zu sprechen. Doris arbeitet unter Mithilfe der Fachfrau einen eigenen Essensplan aus. Sie erhält die Zusicherung, daß sie davon bestimmt nicht zunehmen würde. Meistens geht es damit gut. Aber gelegentlich hat sie doch immer noch wieder einen Anfall. Die Therapeutin hat sie gefragt: »Was fühlen Sie, wenn Sie in einem Bulimie-Anfall stecken? Können Sie es mir beschreiben?«

»Angst«, hat Doris spontan gesagt. »Ich habe entsetzliche Angst.«

»Wovor?«

»Daß ich nie wieder aufhören kann zu essen. Daß ich dick und fett und scheußlich werde ... Und dann ist da dieser Zwang, zu erbrechen. Ich renne aufs Klo und stecke den Finger in den Hals, aber oft würge ich nur, und es kommt gar nichts hoch. Das ist immer entsetzlich ... Einmal habe ich sogar Salz geschluckt, nur um Brechen zu können! Ich kriege Angstzustände, wenn nicht genug heraufkommt ...«

»... weil Sie dann zunehmen könnten?«

»Ja, genau. Und wenn dann genug heraus ist, dann bin ich zwar einerseits erleichtert, aber andererseits kriege ich das heulende Elend. Ich fühle mich so ... so schmutzig, unwert, schuldig ... Ja, und dann natürlich das viele Magenweh, die Krämpfe, die mich nicht schlafen lassen. Und immer die Angst vor einem neuen Anfall.«

Die Therapeutin hat Doris daraufhin klar gemacht, daß sie nicht mit Wundern rechnen solle – einige Stunden Therapie seien noch lange keine Garantie dafür, daß sie nie wieder einen Anfall bekäme.

»Wenn es soweit ist«, hat sie gesagt, »dann bitte verdammen Sie sich nicht selbst. Trinken Sie ein bißchen Milch oder etwas anderes, das den Magen beruhigt, und rufen Sie mich am nächsten Tag an.«

»Wozu dann die ganze Therapie?« hat Doris empört zurückgefragt.

»Die Therapie wird Ihnen langfristig helfen«, hat sie zur Antwort bekommen. »Sie sind jetzt noch nicht stabil genug und müssen das auch nicht von sich erwarten. Es gibt noch so viel, was wir aufarbeiten müssen ... das braucht Zeit!«

Doris merkt, daß es allmählich mit dem Essen dennoch besser geht. Aber damit allein ist die Therapeutin nicht zufrieden. Sie versucht, sie zum Reden zu bringen, sie will einfach mehr von ihr wissen. Aber wozu? Doris ist verärgert und schweigt immer öfter verstockt.

»Ich geh' da nicht mehr hin«, denkt sie rebellisch, als sie aus der letzten Stunde vor Weihnachten kommt. »Das geht die blöde Kuh gar nichts an! Die ganze Stunde lang waren heute Bert und Claudi dran – ich will das nicht! Es interessiert sie doch gar nicht echt – sie kriegt ihr Geld, damit ich auspacke, das ist die ganze Rechnung. Ohne mich!«

Doris fährt nach Hause. Britta hat schon am 22. ein kleines Tannenbäumchen aufgestellt – in der Erwartung, daß Sandro sich so gut benimmt, daß er es nicht umwirft.

Doris sitzt Weihnachten an die Mutter gelehnt da, ist mit den Gedanken aber woanders. Sie sieht vor sich die großen dunklen Augen der Therapeutin, die sie immer so aufmerksam angesehen haben. – »Ich mag sie«, gesteht sie sich plötzlich ein. »Vielleicht gehe ich im Neuen Jahr doch wieder hin ...«

# Sich-Fügen

## *Britta*

*1. 1. 96*

Fast hätte ich diesmal vergessen, der von mir selbst eingebahnten Tradition zu folgen und einen Jahresbericht zu schreiben. Läßt die Neigung zur Besinnung nach, wenn die innere Last nicht mehr unerträglich drückt? Und doch erscheint sie mir doppelt nötig: Im Rückblick erst lassen sich Zusammenhänge, ja Fügungen erkennen, die undurchsichtig bleiben, solange man unvermittelt mit ihnen konfrontiert wird. Vor allem: daß Leid und Qual einen förderlichen Sinn haben können, das läßt sich nicht begreifen, solange man davon geschüttelt wird! Dann schreit man nur danach, daß es vorüber sein möge.

Langsam kristallisiert sich (unter vielem anderen!) für mich ein ganz unverhoffter, unermeßlicher Gewinn aus dem Elend der vergangenen sechs Jahre heraus: Ich habe zum Glauben gefunden! Ach, das ist nicht der richtige Ausdruck. Es ist mehr: Ich habe meine Lebensbasis gefunden. Aber auch das trifft noch nicht: Ich habe ein unendlich kostbares Geschenk bekommen. Einmal in einem besonders bewegenden Gottesdienst habe ich geradezu physisch empfunden: Mir ist ein Cape umgelegt worden, ein Umhang um meine Schultern, der wärmt, der einhüllt, der bewahrt, der Schutz gibt und ruhig macht.

Das hört sich vielleicht etwas schwärmerisch an – aber

es ist auch zum Schwärmen, so wunderbar ist es, so unfaßlich, es bewirkt so tief-inneren Frieden. Jeden Morgen wache ich mit diesem Glücksgefühl auf. Das läßt mich erst einmal in ein Dankgebet fallen. Und schaudernd schaue ich zurück auf die Zeit, wo ich einfach nicht aufstehen mochte, fast nicht konnte, weil ich mich vor Doris fürchtete, vor all dem, was nun vielleicht wieder unvorhergesehen auf mich einstürzen würde, was sie sich nun wohl wieder ausgedacht hätte, um unsere Gemeinsamkeit unerträglich spannungsgeladen werden zu lassen! Ich war dem so schutzlos ausgesetzt gewesen! Manchmal meinte ich, wie auf eine unaufhörliche Folterbank geschmiedet zu sein.

Jetzt ist mir klargeworden, daß ich eigentlich ohne jeden Halt, daß ich für den Zugriff des Schicksals einfach nicht zugerüstet war. Worauf hatte ich gesetzt? Auf Leistung, auf Karriere, auf Wohlstand. Die Welt um mich her hatte mich wenig interessiert. Die Unruhe der Studenten in meiner Studienzeit war mir eher als törichte Zeitverschwendung erschienen. Ich war viel zu nüchtern, als daß ich mir Heil von einer sozialistischen Gesellschaftsveränderung versprach – ebensowenig wie von einem altbackenen Klerikalismus – Utopien, allesamt. Ich hielt es mehr mit Goethes Späteinsicht: »Er stehe fest und sehe hier sich um, dem Tüchtigen ist diese Welt nicht stumm!«

Mein Leben mit Doris erst ließ mich fühlen, daß das nicht ausreicht, daß es zu kurz gegriffen ist, daß es eine Langzeit-Verlassenheit gibt, die herausfordert, die den Durchbruch durch die Oberflächlichkeit eines solchen Lebensentwurfes geradezu erzwingt. Warum hörte ich damals vor zwei Jahren plötzlich die Glocken dieser einen Kirche? Warum war dort denn nun gerade Gottesdienst? Warum sprach der Pfarrer in seinem Predigttext mein Problem an? Warum kam ich durch die Bibel ausgerechnet auf Sandro? Nicht auf den Hund kam ich, sondern durch den Hund zu einem Stück Entlastung, einem Lichtblick heraus aus der Ausweglosigkeit. Was ist das für ein Geheimnis?

Hier geschieht plötzlich etwas mit mir, statt daß ich durch mein Malochen allein nur immer etwas zu vollbringen habe. Mir geschieht! Mir – wieso mir? Wer meint mich da? Wem liegt da unsichtbar etwas an mir? Wer wirft mir da – wenn auch sehr leise – Rettungsringe zu? Das war das große Erstaunen am Anfang: Es gibt eine andere, eine tiefe Realität hinter unserer irdischen Oberfläche. Sie winkt mir, wenn auch nur sehr zart, mitten hinein in meine verzweiflungsvolle Situation. Diese hintergründige Realität klopft an, sie mahnt an, kaum hörbar, gewissermaßen supertaktvoll, wie um nicht zu stören, wie um nicht zu bestimmen, wie um nicht zu nötigen, nicht eingreifend, um die Handlungsfreiheit nicht zu beeinträchtigen.

Und doch ist da Schicksals-Wink, ist da Zeichen eines Einfalls zum Besseren! Als ich das – spätestens nach meinem Erlebnis mit dem zu-fallenden Bibelzitat erst einmal gemerkt hatte, wuchs in mir das Bedürfnis, dem nachzuspüren. Zum ersten Mal in meinem Leben packte mich das Verlangen zu lernen, was es mit dem Glauben überhaupt auf sich hat. Bisher war mir jeglicher Lernstoff immer nur aufgenötigt worden, um Zertifikate zu erreichen. Jetzt wollte ich selbst wirklich wissen!

Auch der Glaubensgesprächskreis, den ich dann binnen kurzem fand, war ein weiterer Zu-Fall dieser Art. Eine Patientin hatte aus Versehen einen Pfarrbrief in meinem Sprechzimmer liegen lassen; ich blätterte achtlos darin, um zu erkennen, ob ich ihn wohl in den Papierkorb befördern oder für sie verwahren müsse. Da fiel mein Blick auf die Ankündigung mit einer entsprechenden Adresse. Ich meldete mich an und war aufgenommen. Die Leiterin, eine Pädagogin mit Herz und Verstand, wurde für mich geradezu zu einem Gurnemanz!

»Lesen Sie zuerst das Johannes-Evangelium«, riet sie mir. »Beten Sie vorher um Einsicht, lesen Sie langsam, laut, nie mehr als ein Kapitel und lassen sich dann hineinfallen. Christus steht hinter der Tür eines jeden Menschen! Aber wir müssen sie ihm auch öffnen.«

Ich klopfte an, so wie sie mich geheißen hatte, und betrat ein Königreich! Ich lernte Christus durch seine Zeugen, die Evangelisten, kennen, ich robbte mich hinein in die mythischen Aussagen des Alten Testaments, ich las schaudernd die Visionen des Johannes über die Zukunft der Erde. Ich machte mich an die Kirchengeschichte und begann, nach einer Gemeinde zu suchen, in der es für mich Heimat geben könnte.

Das hört sich in diesem Jahresbericht so an, als hätte ich mich abermals bei Doris ausgeklinkt. Aber das ist nicht der Fall. Mein Glaubensleben war zunächst fast ausschließlich Nachtleben – und doch hatte ich in dieser Zeit mehr »Heilkraft« für meine Patienten denn je! Und meine Besuche von Gottesdiensten blieben lange noch seltenes zaghaftes Tasten und Suchen!

Bei Doris hatte ich in bezug auf meine Glaubensfreude zunächst einige Enttäuschungen. Wie sehr hätte ich gewünscht, daß auch sie nach der Rettung durch Christus greifen könnte! Mein Herz war so erfüllt von der Erfahrung von Hilfe. Aber ich mußte bald einsehen, daß das verfrüht war.

Beim Weihnachtsfest im vergangenen Jahr, dem ersten eigentlich wirklich christlich gefeierten Fest in meinem Haus, versuchte ich, ihr ein wenig vom Glauben zu erzählen, nachdem wir zusammen die so bewegenden Choräle von Bach gehört hatten. Zwar schaute mich das Kind, unaufhörlich Sandro streichelnd, aufmerksam an; aber nach kurzer Zeit klappte das Visier unversehens doch wieder herunter.

»Papperlapapp«, erklärte sie und stand auf, »dies Gesäusel kenne ich reichlich aus der Schule. Ma, das kannst du doch nicht wirklich glauben: Geboren von einer Jungfrau, auferstanden von den Toten! Und nun soll er auch noch unsichtbar bei uns sein und uns lieben. – Wo war er denn, als die mir in der Disco eine viel zu hohe Dosis Ecstasy verkauft haben? Wo war er denn, als du mein Kind abtreiben ließest?«

Weg war sie. Was für ein Hammer! Die Schuld dieser Fehlentscheidung auszuhalten, war durch den Glauben zunächst nicht einfach leichter geworden, im Gegenteil: Jetzt begriff ich überhaupt erst mit voller Wucht, was ich da getan hatte! Nun hatte ich erkannt, daß ich nicht etwa die Folgen der Leichtsinnigkeit einer unreifen Jugendlichen in Ordnung gebracht, wie ich damals doch geglaubt hatte, sondern daß ich einen Plan Gottes vereitelt hatte! Was für eine Beleidigung für den alleinigen Herrn über Leben und Tod!

Und dennoch warf mich Doris' berechtigter Vorwurf nicht mehr um. Ich hatte meiner Theologin im Gesprächskreis eines Abends, als wir alleine waren, von all meiner großen Sündenlast erzählt, und sie hatte mich mit der Geschichte von der Sünderin tief und anhaltend getröstet. Ich hatte längst angefangen, Jesus Christus zu lieben, und damit allein ließen sich Doris' Anwürfe ertragen. Aber wie gern hätte ich weiter mit ihr gesprochen, wie gern hätte ich ihr von der Veränderung meiner Einstellung erzählt, wie sehnte ich mich danach, ihr Hilfe durch den Glauben zu bringen – aber ich muß mich in Geduld üben! Ich muß mich darein fügen, daß ich selbst tief daran mitschuldig geworden bin, daß meine Tochter eine Heidin ist; denn wie soll Doris so ohne weiteres zu ihrem himmlischen Vater finden, wenn sie weder mit der Muttermilch die mütterliche Liebe, noch durch eine Bemühung um Nähe je die eines echt anwesenden Vaters erlebt hat?

Ich muß zufrieden sein mit dem, was sich an kleinen Fortschritten (mit gelegentlichen Rückschritten) in diesem Jahr ereignet hat, obgleich auch diese Ereignisse weiterhin nicht ohne Demütigung für mich waren. Aber ich habe mittlerweile gelernt, sie als förderlich auf dem Weg zur Glaubenserfahrung zu verstehen. Allerdings ist Doris' Psychotherapie für sie (und auch für mich) von größtem Wert. Zwar gibt es durchaus Tage, an denen sie mir nach ihrer Rückkehr von dort das Leben fast zur Hölle macht – so übellaunig ist sie gelegentlich –, es gibt aber auch Ankunft in Ausgeglichenheit. Auf jeden Fall hat die Behandlung sofort bewirkt, daß nicht fortgesetzt neue Einbrüche im Eßbereich erfolgten. Da gibt es ein stabilisierendes Agreement, in das ich mich freilich nicht einzumischen habe. Wir essen seitdem wieder getrennt.

Aber große Katastrophen (bis auf kleine, die von ihr dramatisiert wurden) hat es nicht mehr gegeben. (Hallelujah!)

Unbedingt positiv ist es ebenfalls einzuschätzen, daß Doris das einjährige Praktikum bei unserem tüchtigen Tierdoktor das gesamte verabredete Jahr lang tatsächlich durchgehalten hat. Zwar ging auch dieses nur holpernd vonstatten – manchmal blieb sie zwei, drei Tage aus nicht ersichtlichem Grund zu Hause, manchmal kam sie auch von hier zurück mit einer verzweiflungsvoll schlechten Laune; aber ich hatte nun wenigstens nicht mehr das Gefühl, das irgendwie ändern und ihr durch besorgtes Nachfragen helfen zu müssen. Die Last der Verantwortung lag nicht mehr allein auf meinen Schultern.

Als sie einige Monate – wohlweislich nur halbtags – dort gearbeitet hatte, überraschte sie mich mit der Idee, Tierärztin werden zu wollen. Ich freute mich über den Impetus und riet ihr, sich über die Ausbildung zu informieren. Das war natürlich wieder einmal so eine Antwort aus der Kiste der Seilakte – wußte ich doch, daß man dazu ein möglichst gutes Abitur und ein langjähriges, prüfungsreiches Hochschulstudium zu bewältigen hat, um dieses Ziel zu erreichen. Aber ich wollte ihr den Mut nicht nehmen. Vielleicht konnte sie ja auch doch noch einmal starten – mit Abendabitur. Aber was für eine Ochsentour das ist, war mir nicht unbekannt.

Ich mischte mich also nicht ein. Doris hingegen (wie mich das freute!) meldete sich zu einem Betreuungsgespräch bei der Abendschule an, kam aber wie ein begossener Pudel heim. Die Anforderungen mit dem Nachlernen so vielen Fachwissens (vor allem auch in der zweiten Fremdsprache) schienen ihr zu hoch. Sie zerriß wütend die Unterlagen und warf sie in den Papierkorb. Mir war klar, daß es private Internate gibt, die den Einstieg in die akademischen Berufe durch langjährige Beschulung möglich machen; aber würde man das mit Doris wagen können? Essen in Gemeinschaft, abrupte Beendigung der so positiv verlaufenden, sie abstützenden Therapie?

Bevor ich Doris über diese Möglichkeit informierte, beschloß ich, einmal mit Dr. Voigt, ihrem Arbeitgeber, zu sprechen. Ich war sein Hausarzt, wir kannten uns lange. Er würde mir sicher wahrheitsgemäß Antwort geben. Ich hatte das gerade beschlossen, als er mich unversehens wegen einer kleinen Wunde um Behandlung ersuchte, und so konnte ich den Termin so legen, daß wir Gelegenheit zu einem längeren Gespräch bekamen.

Der Tierdoktor – ein sehr väterlicher, warmherziger Typ – kratzte sich hinter dem Ohr, als ich ihm Doris' Berufswunsch vortrug.

»Ich glaube«, sagte er dann nachdenklich, »daß Doris sehr grundsätzlich zu wenig belastbar ist, um ein solches Studium und eine solche Berufspraxis durchzuführen. Schauen Sie«, fuhr er lebhafter und offener werdend fort, als er sah, daß ich nickte und meine Fassung bewahrte, »Doris ist gewiß gut durchschnittlich intelligent; aber sie ist so sprunghaft, so extrem in ihren Stimmungen, die sie wenig im Griff hat, und sie hat doch erhebliche Konzentrationsschwierigkeiten. Gebe ich ihr ausnahmsweise mal den Auftrag, drei Sachen auf einmal herzubringen, kommt sie bestimmt allenfalls mit zweien, und eine davon ist meist auch noch verkehrt. Gewiß, sie gibt sich Mühe, sie hat Liebe zu den Tieren, besonders zu Hunden. Aber Veterinär-Medizin heute – das heißt ja keineswegs, ein paar Haustieren unserer Wohlstandsgesellschaft den Bauch zu streicheln. Das ist mittlerweile eine komplizierte Wissenschaft geworden!«

Dr. Voigt gab sich einen Ruck.

»Ich weiß nicht, Frau Collega«, sagte er, »zwar verstehe ich gut, daß Sie Ihre Tochter gern als Akademikerin sähen; aber wenn Sie mich raten ließen: Gönnen Sie ihr doch eine Ausbildung als Tierpflegerin. Der Zoo in Hannover und der Vogelpark in Walsrode geben da doch Möglichkeiten ganz in unserer Nähe.«

Schlucken mußte ich über diesen Rat, und ich habe eine ganze Woche gebraucht, um ihn zu verdauen. Ich wagte auch nicht, ihn an Doris weiterzugeben, bis sie mir eines Tages mit der Zeitung in der Hand entgegensprang: »Ma, hier werden im Vogelpark Walsrode Ausbildungsplätze als Tierpfleger angeboten – ich hab' gleich mal angerufen. Ich soll mich schriftlich bewerben, hilfst du mir dabei?«

Wollte sie vielleicht provozieren? Rechnete sie mit meinem Widerstand, meinem akademischen Standesdünkel? Ich aber war einfach nur erleichtert (und erstaunt wieder einmal über diesen neuen Zu-Fall!) und sagte: »Wunderbar, Schatz, ich helf' dir gern! Für wann gilt denn das Angebot?«

»Gleich jetzt im August«, jubelte Doris.

Seitdem fährt sie tatsächlich jeden Morgen brav mit dem Bus hinüber… Freilich, das heißt nicht, daß alles reibungslos vonstatten ging. Nach den ersten zehn Tagen folgte der große Katzenjammer: Schmerzen im

Rücken, Muskelkater in Armen und Beinen von der Anstrengung auszumistender Käfige.

»Vögel liegen mir eigentlich gar nicht so recht«, sagte sie kleinlaut und wälzte sich auf der Couch. Aber ich ließ mich nicht alarmieren.

»Du mußt sehen«, erwiderte ich gelassen. »Es ist ja auch nur ein Versuch. Für jemanden, der erst mal seine Begabungen erkannt hat, gibt es mehr als eine Möglichkeit. Wir finden schon was. Aber guck doch erst noch mal. Eingewöhnen ist grundsätzlich schwer! Wenn man das durchsteht, wird's meist besser. Das hast du doch auch bei deiner Übersiedlung nach Deutschland erlebt«, fügte ich lächelnd hinzu. »Außerdem kannst du als ausgebildete Tierpflegerin später schließlich auf einem anderen Sektor arbeiten.«

»Ja, im Zoo von Hannover«, gab Doris zurück, »da habe ich in der Berufsschule schon einen kennengelernt. Der ist begeistert!«

Das kam mit so beglücktem Augenaufschlag heraus, daß es bei mir Klick machte. Immerhin war ich so verwirrt, daß ich es vorzog, mich mit einer Entschuldigung eine Weile auf mein Bett zurückzuziehen. Offensichtlich war nicht etwa nur dieser Knabe von seiner Arbeit begeistert, sondern auch Doris von ihm. Doris verliebt? Seit der Katastrophe mit Heino war da bisher absolute Funkstille gewesen. Klar, da war eine tiefe seelische Wunde, vor allem weil Heino sie allein gelassen hatte. Darüber hinaus haben untergewichtige Mädchen in der Regel keine Freunde – jedenfalls verlieben sie sich nicht, solange die Hormone nicht kreisen. Sie sind wie Prinzessinnen im Dornröschenschloß. Die Prinzen, die zu dieser Unzeit in ihre Nähe dringen möchten, reißen sich nur ihr Herz an den aggressiv-abwehrenden Stacheln solcher Mädchen blutig. Aber Doris war seit einiger Zeit kein Dornröschen mehr!

Eigentlich müßte ich jetzt erfreut sein, dachte ich – und doch hatte ich kleingläubige Bedenken: Ein Tierpflegeranwärter als Freund – womöglich als Ehemann – was für ein gesellschaftlicher Abstieg! Darüber hinaus: Wenn das nun der zweite Akt mit Wiederholungscharakter in Doris' Liebesleben werden würde? Aber Doris war nicht mehr 15, sondern 20. Doch war sie gefestigt genug? In meine Bedenken hinein sagte mir eine innere Stimme: »Laß sie ihn mitbringen!«

Bei der nächsten besten Gelegenheit, als Doris einmal wieder beschwingt aus der Berufsschule nach Hause kam und von Achim erzählte, machte ich ihr den Vorschlag.

Achim wurde ein Erlebnis: ein schmalgesichtiger junger Mann mit hellen Augen und blonden Locken – ein sauberes, ein schönes Gesicht, gute Manieren zudem. Es war umwerfend, und als wir uns miteinander angewärmt hatten, war er sogar bereit, meine neugierigen Fragen zu beantworten. Seine Eltern waren bei einem Autounfall ums Leben gekommen, und er war von einer Großtante, seiner einzigen Verwandten, in deren Alterssitz im Krelinger Glaubenszentrum aufgenommen worden. Schulisch gab es da kaum Möglichkeiten für ihn; aber Glauben – das habe er dort gelernt, erzählte er. Doris zog dazu eine Schnute; aber mein Herz jubelte.

»Da hast du ja bei Doris etwas zu missionieren«, lachte ich. »Die ist noch nicht einmal getauft.«

»Das habe ich schon gemerkt«, entgegnete Achim; »aber dann ist Glauben doppelt schön, wenn man gleichzeitig eine Seele retten kann – und ein hoffnungsloser Fall ist sie nicht!« schloß er.

Ich wäre am liebsten in die Knie gesunken vor Dankbarkeit! In diesen Jungen hätte ich mich auch verliebt, wenn ich jünger wäre!

A propos Liebe: Michael ist nun wirklich mein Compagnon, und die Praxis gedeiht. Aber wir haben uns bisher noch strikt an unsere Abmachung gehalten: Keine Besuche zu Haus ohne zwingenden Grund, um keine neuen Krisen heraufzubeschwören. Michael hat sich auch hier als verläßlich erwiesen, als einer, dessen Wort gilt. Freilich ist da unversehens auch eine kleine emotionale Distanzierung eingetreten. Bei unseren seltenen Treffen in seiner Wohnung (jetzt in Celle) erzählte ich ihm von meinen so erfüllenden Glaubenserlebnissen. Das konnte er nicht nachvollziehen. Er hielt das ganze wohl eher für eine Art eingebildeten Selbstschutz: »Du bist noch so verwundet«, sagte er.

Ja, ich wußte das selbst, ich brauchte noch Zeit, Doris brauchte sie auch – sein Wunsch nach einer neuen Ehe war für mich verfrüht. Ich bat ihn zu warten, mit allem... Michael hat dazu ja gesagt. Ich verstehe das nicht. Er ist ein Mann; aber einer, der mich so liebt, wie ich es noch nie erlebt habe. Ich hoffe, daß Doris sich festigt; ich hoffe, daß Michael eines Tages nicht nur mich liebt, sondern auch unseren Gott. Ich hoffe das in Geduld. Ich hoffe das mit aller neu gelernten Schicksalsfügsamkeit. Ich lerne und bete!

# Sich-Fügen

## *Doris*

Mit den vielen müden Pendlern wird Doris in Celle aus dem Interregio ausgespuckt. Langweilig war die Therapiestunde heute wieder, denkt sie mißmutig, während sie durch den matschigen Schnee auf den Gehwegen nach Hause strebt. Frau Doktor Merk hat es ihr am Schluß freilich direkt auf den Kopf zugesagt: »Sie blocken ab, Doris, Sie wollen Ihren Widerstand nicht aufgeben.«

Widerstand, Widerstand, wehrt sich Doris innerlich. Klar, sie mag all die Geschehnisse ihrer Vergangenheit nicht widerkäuen, weder die frühen, noch die hier in Deutschland. Da ist so viel Unerfreuliches – und was dabei herauskommt, läßt sich an drei Fingern abzählen: Sie ist gräßlich, sie ist schuld. Aber was soll ihr das helfen? Widerlich findet sie sich schon von ganz alleine. Aber dann hat die Therapeutin hinzugefügt: »Wenn Sie nicht reden mögen, so malen Sie doch!«

Doris beschleunigt ihren Schritt. Ja, das könnte wirklich gehen – und wie in einer Vision taucht eine Kohlezeichnung vor ihrem inneren Auge auf: ein Mädchen, festgebunden an einem Marterpfahl auf einem winzigen Stück Betonboden, der nach allen Seiten Bruchkanten hat und losgerissen durchs All driftet …

Doris wirft Tasche und Anorak im Wohnzimmer auf den Sessel und rennt in den Wintergarten. Da steht sie doch tatsächlich noch, ihre Staffelei! Sie reißt das Tuch ab. Ein leeres Blatt schaut ihr wie einladend entgegen. Kohle und Kreide liegen parat. Doris beginnt zu malen: das Mädchen im All, das Mädchen in der Wüste, das Mädchen allein am Parterrefenster eines Wolkenkratzers, das Mädchen weggehend in einer baumlosen Landschaft, das Mädchen mit einem Kind spielend, das Mädchen mit lauernder Mutter dahinter, das Mädchen allein tanzend, Mädchen und Hund, Mädchen mit Kirschbaum. Sie hat Sandro nicht beachten können. Sie malt wie besessen, auch noch, als ihre Mutter spät am Abend heimkommt. Der ganze Boden ist mit Blättern übersät. Britta staunt.

»Oh«, sagt sie, »das ist ja wie das Wasser einer Quelle, die plötzlich herausgesprungen ist; hat deine Therapeutin wie Moses an den Felsen geklopft?«

Doris wehrt leicht verärgert ab: »*Ich* habe geklopft«, entgegnet sie.

Doris schichtet alle Blätter übereinander: »Jetzt habe ich endlich genug Material für die nächsten Stunden!«

Britta schaut auf die Zeichnung mit der jungen und der älteren Frau.

»Das sind wohl wir beiden?« wagt sie zu fragen. »Nicht gerade schmeichelhaft für mich!«

»Naja, jetzt kommt es auch auf die ungeschminkte Wahrheit an«, kontert Doris mit aggressivem Triumph.

* * *

»Dieser Matthias, dieser Liebhaber meiner Mutter, der mußte eben rausgeekelt werden!« erklärt Doris in einer der nächsten Therapiestunden selbstgerecht.

»Warum?« fragt die Therapeutin.

»Weil er widerlich war!« trotzt das Mädchen.

»Wieso war er widerlich?« kommt unerbittlich die nächste Frage.

»Er trug eine scheußliche Krawatte, so ›distinguiert‹«, äfft Doris mit einer hochmütigen Geste nach.

Frau Dr. Merk schaut Doris erwartend an.

»Naja«, gibt die denn zu. »Ich hatte halt eine Stinkwut auf den feinen Pinkel mit seinem Angeberauto. Da – da – da bin ich raus und hab' in das Heck von seinem Silbermetallic ein paar handfeste Kratzer reingewürgt.«

»Mit einem Stein?« fragt die Therapeutin.

»Nein!« – Doris schreit das fast. »Mit einem Küchenmesser. Messer zum Brotschneiden – aber ich hätte sie am liebsten ermordet, gleich alle beide!«

Doris hält inne und schaut ihr Gegenüber erschrokken an. »Jetzt wird sie mich rauswerfen oder einsperren lassen«, schießt es ihr durch den Kopf. Aber die Therapeutin schaut sie ungerührt schweigend an – und doch ist in ihren Mundwinkeln ein kleines Lächeln und in ihren Augen so etwas wie ein tief ernstes Verstehen.

Doris bricht plötzlich zusammen: »Ich will *sie* scheußlich«, weint sie, »weil *ich* scheußlich bin! Und ich bin scheußlich, weil sie mich scheußlich gemacht haben. Zum Kotzen ist das – einfach nur zum Kotzen!«

Frau Dr. Merk hat für Doris zur Zeit an jedem Nachmittag eine Stunde bereitgestellt. »Jetzt sind wir im Fluß«, sagt sie. »Nun müssen wir gemeinsam am Ball bleiben!«

O ja, Doris will das selbst, sie spürt, daß es ihr gut tut, all das, was ihr so weh getan hat, herauszuheulen. Und was kriecht da plötzlich alles in ihr hoch: an Gemeinheiten der Dienstmädchen in den USA, an Wut, Ärger und Einsamkeit, an Verlassenheit noch und nöcher …

Nach Wochen dann beginnt sie zu fragen: »Aber warum habe ich dann meiner Mutter das Leben so schwer gemacht? Ich suchte doch gerade sie!«

»Weil der Sack mit Wut und Enttäuschung schon viel zu prall gefüllt war, weil das allmählich wie ein Automatismus wird nach dem Motto: ›Angriff ist die beste Verteidigung‹. Und das bestätigt sich ja auch, weil jeder Angegriffene mit Verteidigung antwortet und man auf diese Weise die schönsten Teufelskreise von Konfrontationen provoziert«, erläutert die Fachfrau.

»Aber das war ja nur die Oberfläche«, stößt Doris nach. »Das meiste, was ich ihr angetan habe, tat ich heimlich. Oh, was habe ich sie beklaut! Geld, Schmuck, sogar einmal ihren Photoapparat – und eigentlich gehört das viele heimliche Essen auch dazu. Gemein, was? Ich bin eben gemein!« geht Doris zur Selbstzerfleischung über.

»Aber können Sie sich nicht vorstellen, daß Ihre Seele von etwas getrieben wurde, Ihrer Mutter so etwas anzutun?«

»Ja, ich wollte eben böse sein, ich wollte sie schädigen, ihr etwas antun!«

»Vorsicht«, mahnt Frau Dr. Merk, »können Sie sich nicht vorstellen, daß das alles nicht ausschließlich böse war?«

»Nein, böse bleibt böse«, beharrt Doris masochistisch.

Aber die Therapeutin gibt ihr zu verstehen, daß hinter aller Rachetendenz, hinter allen Versuchen um Entlastung von negativer Stimmung ein verstehbarer Drang steckte: nämlich wenigstens heimlich etwas zu bekommen, was zutiefst lebenswichtig ist: die uneingeschränkte Liebe, die uneingeschränkte Geborgenheit bei den Eltern.

»Das viele Rauben des Essens stand eben für Ihre Sehnsucht, ganz tief geliebt, ganz uneingeschränkt angenommen und wertgehalten zu werden.«

»Wir sind schon sehr weit«, sagt sie einmal nach weiteren Wochen am Schluß einer Stunde. »Denn Sie haben schon sehr gut gelernt, daß Sie Ihre Sehnsucht bei dieser Mutter, die Sie ja will, die ihre Schuld nicht verleugnet, auch noch stillen können, bis es genug ist. Sie müssen nur immer neu die eingebahnten Rachetendenzen, die spontanen Aggressionen hinterfragen und revidieren.«

»Sie meinen, ich soll um Verzeihung bitten?« fragt Doris ärgerlich. »Das geht aber zu weit! Sie hat doch die meiste Schuld!«

Die Therapeutin seufzt.

»Das ist doch wohl bestätigt und abgehakt, nicht wahr? Es kommt jetzt darauf an, wie Sie Ihre eingebahnten Mechanismen in den Griff bekommen. Und das geht eben nur, wenn man sich eingesteht, wie oft man unangemessen reagiert, und sich bemüht, das auszuräumen – sonst klemmt man doch in unendlichen, sich immer mehr verengenden Teufelskreisen fest, die ihr bereits miteinander durchgemacht habt«, schließt die Fachfrau.

Doris lauscht diesen Worten nach, als sie an einem Sommertag mit der Mutter im Garten sitzt. Das ist ein klasse Einfall von Britta gewesen, dieses Wochenende ein wenig zu feiern. Das Praktikum bei Dr. Voigt ist abgeschlossen, der Ausbildungsplatz im Vogelpark bestätigt. Britta hat für den Sonntag Karten für einen Abend in Hannovers Freilichttheater im Schloß Herrenhausen bekommen. Und jetzt kredenzt sie eine Schale Vanille-Eis mit Sauerkirschen.

Verstohlen sieht Doris zur Mutter hinüber. Sie ist eigentlich nicht älter geworden in diesen sechs Jahren, seit sie sich kennen, aber irgendwie tiefer – mit ernsteren Augen und einem ein wenig schmerzlich lächelnden Mund.

Auf einmal fühlt Doris so etwas wie ein warmes Gefühl in sich aufsteigen, wie ein Hin-Wollen zu ihr. Gleichzeitig denkt sie: »Menschenskind, was hab' ich ihr doch alles zugemutet!«

Auf einmal sagt sie spontan: »Ma, neulich hab' ich dir vorgeworfen, daß du schuld bist an der Abtreibung. Es tut mir leid, daß ich das gesagt habe. Schließlich war ich es ja, die dich in diese Sackgasse gebracht hat.«

Brittas Gesicht: Sie läßt vor Staunen fast den Löffel fallen. Dann laufen ein paar Tränen über ihre Wangen, und sie sagt: »Ach, Doris!«

Mehr geht wohl nicht; aber man merkt schon, daß ihr ein Stein vom Herzen fällt, ein dicker Stein. Ein schönes Wochenende ist das geworden!

Der neue Job als Tierpflegerin gefällt Doris ausnehmend gut, wenn sie auch manchmal meint, den körperlichen Anforderungen nicht gewachsen zu sein. Was hat sie doch nach einigen Tagen für Muskelkater, und auch das Gezeter und der beißende Gestank der Vögel fallen ihr öfter auf die Nerven. Aber Britta hat natürlich recht mit ihrem Argument, daß sie nach Abschluß dieser Ausbildung ja auch bei anderen Tieren in einem Zoo oder Wildpark arbeiten kann. Auch ihre Therapeutin ist dafür, diese Ausbildung durchzuziehen, allen Unlustgefühlen zum Trotz.

Fast schon ein wenig angenehme Abwechslung bringt

da die Berufsschule in ihren Alltag. Doris kann Schule an sich zwar nicht leiden, ist aber immerhin schon wieder aufgeschlossen für die Möglichkeit eines Kontaktes zu Gleichaltrigen. Ein hochaufgeschossener Junge in ihrem Alter hat es ihr angetan. Achim heißt er und lernt Tierpfleger im hannoveranischen Zoo. Doris fühlt sich sofort zu ihm und seiner ruhigen Art hingezogen. Auch Achim freut sich, wenn er sie sieht. Er setzt sich auf den Platz neben sie, läßt sich aber dadurch keineswegs vom Unterricht ablenken. Und da Doris ihn unbedingt beeindrucken will, fängt auch sie an, sich etwas mehr anzustrengen …

»Wie wär's, wenn du mich einmal besuchen kommst?« schlägt Doris vor, als sie eines Tages gemeinsam auf dem Bahnhof auf ihre Züge warten. »Ich habe ein eigenes Appartement im Haus meiner Mutter – da haben wir sturmfreie Bude …!«

Ob er versteht, welche Bereitschaft sie ihm damit andeuten will?

Achims Augen scheinen sich irgendwie zu verdunkeln.

»Ich würde gern einmal kommen, auch, um deine Mutter kennenzulernen«, sagt er.

Bevor Doris eine Frage stellen kann, fährt ihr Zug ein. Sie winkt Achim noch rasch zu und läßt sich dann im Abteil auf einen Fensterplatz fallen. Was hat er wohl damit gemeint? Er hat so betont auf ihre Mutter verwiesen. Sie hat ihm aber doch signalisieren wollen, daß sie bereit wäre, mit ihm zu schlafen, einzig um seinetwillen. Männer wollen doch Sex, oder? Ist Achim etwa anders? Sie muß das herausfinden.

Brittas Angebot, Achim doch ruhig einmal mitzubringen, kommt da gerade recht. Er sagt auch bereitwillig zu und unterhält sich prima mit ihrer Mutter. Irgend etwas scheint die beiden darüber hinaus sogar miteinander zu verbinden ... Doris schneidet eine Grimasse, als sie Achim von seiner Kindheit und Jugend in diesem komischen Zentrum erzählen hört. Natürlich hat sie das längst gewußt – aber was sagt er da? Schulisch habe er zwar nicht viele Möglichkeiten gehabt, aber glauben, das habe er dort gelernt?

Britta verabschiedet sich bald diskret, und Doris beschließt, Achim zu Leibe zu rücken. Am besten ganz direkt und geradeheraus.

»Sag, bist du eigentlich wirklich fromm, ja?« fragt sie, und es ist ihr richtig peinlich.

Achim lächelt sie an: »Ja, ich denke schon. Der christliche Glaube ist mir sehr wichtig; er ist wohl Teil meines Lebens und meines Wesens.«

»Als du letztes Mal ... Ich meine ... Willst du deshalb nicht mit mir schlafen?« platzt Doris dann heraus und denkt sich gleichzeitig: »Blöde Kuh – das hättest du auch geschickter anfangen können!«

Sie erschrickt vor Achims ernstem Gesicht.

»Hör einmal zu, Doris«, sagt er fest. »Ich mag dich. Aber gerade weil ich dich so mag, will ich dich nicht mißbrauchen. Du würdest vielleicht mit mir schlafen, um mir einen Gefallen zu tun – oder vielleicht auch, weil du Angst hast, mich sonst zu verlieren. Aber ich finde, wir beide müssen uns noch viel besser kennenlernen, bevor wir vielleicht überlegen, ob wir heiraten sollten. Das Intimleben gehört doch in die Ehe ...«

»Wieso das?« fragt Doris verblüfft.

»Weil Sexualität nun einmal etwas mit der Fortpflanzung zu tun hat, und weil Gott von uns erwartet, daß wir verantwortungsbewußt und in gegenseitiger Achtung und Liebe damit umgehen«, antwortet Achim. »Miteinander schlafen bedeutet doch, einander ganz gehören zu wollen, ganz und für immer. Eine Liebe, die bloß an die eigene Befriedigung denkt und unverbindlich ein bißchen hier, ein bißchen dort ausprobieren will, ist keine Liebe, sondern blanker Egoismus!«

Achim hat sich in Eifer geredet und nicht bemerkt, daß Doris neben ihm mit glühenden Wangen den Kopf gesenkt hat. »Zusammenhang mit der Fortpflanzung« – ach ja! – Und wie war das noch gleich gewesen: »Ich will dich nicht mißbrauchen ...« – Ja, sie versteht, was er ihr damit sagen will. Heino hat sie damals mißbraucht, so, wie sie selbst den eigenen Körper und ihre Seele mißbraucht hat. Ob sie Achim wohl je wird davon erzählen können? Sie schrickt zusammen, als er plötzlich zu sprechen aufhört und sie erwartungsvoll anschaut.

»Ja, Achim«, sagt sie dann. »Vielleicht hast du recht, wir brauchen wohl noch Zeit. Und vielleicht« – sie zögert – »vielleicht erzählst du mir ja ab und zu noch etwas von deinem Glauben?«

* * *

Das nächste große Erlebnis hat Doris mit Michael. Sie ist in die Praxis gegangen, um ihre Mutter zu einem Stadtbummel abzuholen, doch Britta hat den Kopf durch die Tür gesteckt und seufzend gesagt: »Tut mir leid, bei mir dauert's noch etwas.«

Doris setzt sich also ins Wartezimmer und beobachtet wenige Minuten danach, wie Michael einen kleinen Patienten – seinen letzten für heute – seiner Mutter zurückgibt.

»Du warst unheimlich tapfer«, lobt er und streicht dem Jungen über den Kopf. »Wenn du erst mal groß bist …!«, und er lacht, als er merkt, wie das Kind sich darüber freut.

Dann dreht er sich um und sieht, daß Doris ihn beobachtet.

»Hallo«, sagt er freundlich, »Britta hat wohl noch zu tun? Wie geht's dir denn so? Du siehst hübsch aus, das muß ich schon sagen!«

Doris lächelt ihn an: »Ja, mir geht es auch gut, ziemlich jedenfalls. Du kannst aber gut mit Kindern umgehen«, setzt sie dann bewundernd hinzu.

Ach, was schwafelt sie da nur wieder daher, ärgert sie sich im stillen. Sie wollte mit Michael doch schon lange über etwas ganz anderes reden! – Der hat sich neben sie gesetzt und blickt plötzlich merkwürdig abwesend vor sich hin.

»Ich hatte einmal drei kleine Söhne«, sagt da Michael und schaut sie wie eine Vertraute an. »Aber das weiß nicht einmal deine Mutter, Doris, und ich bitte dich sehr, es ihr auch nicht zu erzählen. Versprichst du mir das?«

Doris nickt. Was ist das für ein Geheimnis? Warum darf sie es mit ihm teilen? Der nimmt sie ja plötzlich ernst!

»Einer davon, der kleinste, kam bei einer Bootsfahrt ums Leben«, fährt Michael fort. »Er war gerade neun Jahre alt… Meine Ehe ist daran zerbrochen und auch das Verhältnis zu meinen beiden Großen. Meine Frau konnte den Tod des Kindes nicht verkraften – sie gab mir die Schuld an allem, obwohl es eindeutig ein Unglück gewesen ist. Ich hatte ja selbst alles versucht, um ihn zu retten ...«

»Oh ...«, haucht Doris erschüttert und weiß nicht, was sie jetzt sagen soll.

»Ja, siehst du, und dann lernte ich deine Mutter kennen – und auch dich. Ich hatte das Gefühl, an euch beiden etwas gutmachen zu können, was ich bei meiner Frau falsch gemacht hatte: mit Verständnis, mit Da-Sein, mit Verantwortung übernehmen. Ich liebe deine Mutter sehr«, fährt Michael fort, »das mußt du mir glauben. Und ich möchte nichts lieber, als sie auf der Stelle heiraten, wenn nur ...«

»Dann tu's doch auch!« hört sich Doris sagen. »Bis jetzt habt ihr beiden nur auf mich Rücksicht genommen – aber mir geht es ja schon viel besser! Und ich bin auch erwachsen ... – ich muß Britta nicht mehr rund um die Uhr für mich alleine haben! Ich würde mich freuen, wenn du ab jetzt öfter zu uns kommst und uns besuchst.«

Nun, das hat sie eigentlich doch gut hingekriegt! Schon oft hat sie mit der Therapeutin über Michael gesprochen und darüber, daß sie seine Existenz inzwischen akzeptieren kann. Nun ist es auch »offiziell« heraus!

Eine Tür geht auf, und Britta steht vor ihnen, zum Weggehen bereit. Etwas irritiert und besorgt blickt sie von Doris auf Michael und dann wieder zurück auf Doris.

»Ich bin soweit«, sagt sie, »wollen wir gehen?«

»Klar«, gibt Doris zurück. »Michael will uns beide zu einem Eis einladen – und ich habe solchen Hunger!«

Und sie freut sich am Erstaunen der Mutter.

# Frieden dennoch

## *Britta*

*25. 3. 2000*

Mein Tagebuch! Als ich es beim Einräumen der Bücher im Karton entdeckte, schwor ich mir: Am ersten richtigen Abend in meiner neuen Wohnung werde ich ihm meine Zeit widmen, eine Zeit, die ihm zukommt: nämlich meine Notizen über mein Leben mit Doris, die ich vor vier Jahren nicht weiterführte, durch einen Rückblick abzuschließen.

Ich räumte es gar nicht erst ein, sondern las es des Nachts Seite für Seite noch einmal durch. Was für eine Zeit! Was für ein Härtetest! Aber wieviel Anstoß hat sie gegeben, wie fundamental hat sie mein Leben und das dieses verwahrlosten Teenagers aus den USA verändert! Ja, damals, 1996, war alles noch in der Schwebe, aber gute Saat war schon gelegt und begann zu keimen. Was für ein Segen, daß damals bereits Achim an unserem Horizont auftauchte. Manchmal kommt er mir noch heute vor wie der kleine Prinz, der ohne zu wissen, wie ihm geschieht, ausgesandt wird, um die verwunschene Braut zu erlösen! Dabei hat er sich mittlerweile zu einem sehr männlichen Wesen ausgewachsen – steht fest mit beiden Beinen auf der Erde und gewiß auch in seinem nicht ganz leichten Beruf als Krankenpfleger.

Ach ja, damals wollten beide noch Tierpfleger werden… Über diese Berufswahl hatten sie sich überhaupt kennengelernt. Ich weiß eigentlich gar nicht mehr genau, mit welcher Begründung Achim danach noch einmal umsattelte und eine Krankenpflege-Ausbildung draufsetzte. Ich nehme an, es war nicht unähnlich wie bei Doris: Tiere pflegen – das möchten viele noch unreife Kinder, in denen das hilflose, junge, kranke Tier in ihnen selbst noch der nachholenden Pflege bedarf. Dieser Wunsch enthält einen Selbstheilungsversuch, ist Kompensation der eigenen seelischen Bedürftigkeit. Und das kann durchaus positive Wirkung haben, wenn es bewußt gemacht wird. Aber wenn dieser Sinn erfüllt ist, verringert sich oft das Interesse an Tätigkeiten dieser Art. Der Wunsch, kranke, leidende Menschen zu pflegen, ist gewiß ein Schritt nach vorn!

Doris freilich sprang bereits nach dem ersten Lehrjahr wieder ab; aber während ich sonst immer voller Entsetzen war, wenn sie etwas Angefangenes hinwarf, fürchtete ich hier zum ersten Mal nicht, daß nun ein neuer Fall in die Beschäftigungslosigkeit beginnen würde; denn Doris hatte vorher sehr realistisch, sehr gezielt einen anderen Plan ins Auge gefaßt: Unter dem Einfluß ihrer Therapie hatte sie – ich war darüber fassungslos vor Glück – wieder zu malen begonnen. Ja, ein ungewohnter Eifer hatte sie gepackt, und nach dem Jahreswechsel 95/96 kam sie mit der Idee, sich zur Grafikerin ausbilden zu lassen.

Nicht, daß mich dergleichen vom Hocker riß – Pläne, hochfliegende, viel zu hohe hatte es endlose in Doris' Jugendalter gegeben. Sie zerplatzten immer neu an der unrealistischen Vorstellung oder an den unzureichenden schulischen Voraussetzungen. Auch die Grafikerausbildung setzt normalerweise das Abitur voraus. Ausnahmen werden nur bei ganz außergewöhnlichen zeichnerischen Vorlagen und dem Nachweis eines besonderen Talents gemacht. Aber Doris übte sich! Sie skizzierte und zeichnete, malte und modellierte. Sie vergaß ihre Probleme mit dem Essen darüber vollständig! Sie nahm Stunden bei einem begabten Kunsterzieher, sie malte und malte, kaum daß sie aus Walsrode oder von den nun seltener gewordenen Therapiestunden heimkehrte. Sie malte samstags und sonntags – und wenn Achim nicht ein so geduldiges Haus gewesen wäre, der bei uns so etwas wie eine Heimat fand, wäre sie ihn wohl auch noch wieder losgeworden! Und sie bekam durch diesen eisernen Fleiß mit ihrer wirklich beachtlichen Mappe an kleinen Kunstwerken in der Tat einen Platz in der Fachhochschule für Grafik und Design in Bielefeld! Aber das bedeutete, daß Doris zum ersten Mal außer Haus wohnen mußte. War sie wirklich schon so weit, daß man sie ziehen lassen konnte? Würde das nicht mit einer neuen chaotischen Phase enden? Waren ihre Bindungen an Achim, an mich (?) stark genug, um sie davor zu bewahren, in einen neuen Strudel zu geraten, die es an solchen Akademien doch in reichlicher Menge gibt?

Aber Doris wurde sowohl von Frau Dr. Merk wie auch allen anderen Menschen meiner Umgebung so bestärkt, daß ich gar keine Gelegenheit bekam, meine Bedenken auch nur zu äußern.

Sie sauste also mit vollen Segeln ab – und es mag unglaubhaft klingen: Sie hielt wirklich durch! Gewiß nicht einfach so wie Honigschlecken. Zwischendurch hatte sie auch frustrane Erlebnisse, schimpfte Stein und Bein auf den einen oder den anderen Ausbilder, drohte auch mit Abbruch, kam mal nach Hause und verkroch sich drei Tage im Bett – aber das waren Etappen. Sie fing sich immer wieder. Manchmal hörte ich in den folgenden Jahren einige Wochen überhaupt nichts von ihr, und das war – so zeigte es sich hinterher – dann immer ein Zeichen, daß es ihr gut ging und sie vorankam. Wenn ich auch abends oft mit ihr telefonierte, war ich doch wieder viel mehr allein.

Ich war dankbar, daß die so schwere Zeit anscheinend vorüber war – aber dabei ging es mir dennoch merkwürdig mäßig. Ich glaube, daß es etwa dem Gefühl eines Schiffbrüchigen glich, der ziemlich lange mit dem Meer gekämpft hat und nun vor sich Land sieht. Ich war nicht unglücklich, aber ich fühlte mich namenlos erschöpft, als ich ein wenig mehr zur Besinnung kam. Dazu kam die Sache mit Michael. Gewiß, er hatte sich wirklich enorm bewährt, wie ein Ritter ohne Furcht und Tadel. Unsere Zusammenarbeit, die ja mehr eine Arbeit im Wechsel war, geriet vorzüglich und ohne jeden Schatten. Aber persönlich hatten wir uns doch mittlerweile sehr voneinander entfernt. Während Doris' Praktikantenzeit war er – auf ihren ausdrücklichen Wunsch hin – ein paarmal im Hause gewesen, und ich hatte den Eindruck, als wollte Doris mir auf diese Weise zeigen, daß sie jetzt einen »Nebenbuhler« ertragen könne; aber dieser stieg so richtig in diese Rolle gar nicht erst ein ...

Viel später, als Doris schon aus dem Haus war, rückte er eines Tages mit der wahren Geschichte heraus, die er mir bisher eisern verschwiegen hatte: Die Scheidung von seiner Frau war erfolgt, nachdem sie durch einen tragischen Unfall auf dem Maschsee ihren neunjährigen Jungen verloren hatten. Obgleich es eine Böe war, die das Boot umriß, obgleich er alles versucht hatte, das Kind zu retten – es war ihm nicht gelungen. Seine Frau aber machte ihm Vorwürfe Tag und Nacht, morgens und abends – jahrelang. Er hatte das einfach nicht mehr ertragen.

Jetzt waren darüber aber mehrere Jahre vergangen. Das Paar hatte sich wieder getroffen. Seine zwei mittlerweile jugendlichen Söhne baten ihn ebenso wie seine Frau, zurückzukommen.

»Es tut mir so leid, Britta«, sagte er mit schwermütigem Blick. »Du wirst immer mein Ideal bleiben! Kündigst du mir jetzt den Vertrag? Ich möchte so gern dein Compagnon und dein Freund bleiben!«

Die Zeit nach dieser Eröffnung war für mich noch einmal wie ein schwarzes Loch. Alle wieder weg – wieder allein, wieder nur Allgemeinmedizinerin – jetzt aber mit nur halber Praxis! Es war in mir eine Versuchung, mit meinem Schicksal zu hadern. Kaum war da nach all den Kämpfen so etwas wie eine Bindung an die Tochter entstanden, mußte ich sie schon wieder hergeben und von ihr lassen. Keinerlei Beziehung mehr zu Bert und Claudi, Achim nicht mehr nach Celle, sondern nach Bielefeld hinorientiert. Ganz allein – wirklich allein? Regression ins Säuglingsalter, wo Alleinsein unerträglich und Mama unumgänglich ist? Ich raffte mich aus meiner resignativen Lethargie auf und beschloß, wenn ich auch meinte, zur Zeit in einer Gottesferne zu stehen, wieder am kirchlichen Leben teilzunehmen.

Eines Tages – in dem dämmrigen Licht eines abendlichen Gottesdienstes standen da zwei junge Pfarrer und sangen im Wechsel den 77. Psalm – passierte mir dann das nächste Wunder. Im Text hieß es: »Ich denke der alten Zeit, der vorigen Jahre. Ich denke des Nachts an mein Saitenspiel und rede mit meinem Herzen. Ist's denn ganz und gar aus mit seiner Güte und hat seine Verheißung ein Ende? Aber doch sprach ich: Ich muß das leiden, die rechte Hand des Höchsten kann alles ändern...«

Wie mit einem Stoß nach vorn fiel unversehens mit Macht jede Menge Hoffnung in mein Herz. Ich fühlte mich wieder eingeschlossen in Gottes Schutz. Ich sank in die Knie und weinte vor Dankbarkeit ...

Beim Hinausgehen nahm ich einen Handzettel mit und stand betroffen, als ich dort ein Stellengesuch entdeckte: Eine christliche Einrichtung suchte eine/n Facharzt/in für Allgemeinmedizin und bot die Möglichkeit einer Zusatzausbildung an: »Wir meinen, daß Arztsein auf der Basis einer christlichen Lebenseinstellung für unsere Kranken nötiger ist denn je. Wir wollen das mit neuem Schwerpunkt versuchen. Gläubige Kollegen gesucht unter Chiffre ...

Ich schrieb sofort. Ich bekam Antwort. Ich sah mir alles an und begann, meine Umsiedlung zu planen. An Michael verkaufte ich mein Haus und meine Praxis. Er und seine Familie sind mir in der Ferne liebe Freunde geworden ...

Mittlerweile habe ich eine recht respektable Zusatzausbildung machen können. Meine harten Jahre mit Doris kommen mir dabei enorm zugute. Ich kann besser als unerfahrene Kollegen die Spreu der Theorie vom Weizen der Erfahrung unterscheiden. Mit jungen Patientinnen bekomme ich besonders schnell einen guten Kontakt. Sie merken, daß sie verstanden werden; ja, manchmal gelingt es schon während der Therapie, die

Glaubenshilfe mit in den Heilungsprozeß einzubeziehen. Und meine Patienten wissen (das ist der Vorteil dieser christlichen Einrichtung), daß ich am Abend für sie bete.

Allen anderen Menschen voran aber lege ich Nacht für Nacht im Gebet Doris an das Herz von Jesus Christus. Ist nicht er es überhaupt, der still im Hintergrund das ganze Wunder bewirkt hat? Denn hier in der Klinik bekomme ich nun noch viel mehr zu sehen, wie eingefahren diese früh verbogenen Charakterstrukturen sind, wieviel Einsatz nötig ist, um Änderungen zu erwirken. Mit unserer Macht allein ist da gewiß nicht alles getan – wir können uns nicht anmaßen, Vorherrschendes, Versäumtes, Verkrüppeltes allein wieder zurechtzubiegen! Wenn es geschieht, kann das nur mit Hilfe dessen gehen, der alle irdischen Lebensgesetze durch den Geist seiner mystisch-umschmelzenden Liebe verändert! Freilich: Christi Handlanger sein, das ist unsere Aufgabe! Ohne unser Bitten, ohne unser Tun greift Er nun einmal nicht ein!

Am nächsten Sonntag wollen Doris und Achim mich besuchen. Doris will sich in Frankfurt in einem großen Verlag als Grafikerin bewerben, Achim kann vermutlich eine Anstellung in unserer Klinik bekommen. Nur Christen werden hier als Mitarbeiter angenommen. Da konnte ich ihn bei unserem Chef mit Verve empfehlen. So werden wir vermutlich in der nächsten Zeit nicht mehr so weit voneinander entfernt wohnen und arbeiten.

Glücklich schrieb Doris mir einen euphorischen Brief mit jeder Menge Zukunftsmusik:

»... und im nächsten Jahr, wenn ich getauft bin, wollen wir heiraten. Aber, Ma, wenn ich dann ein Baby bekomme, will ich erst mal ganz bei dem sein. Und wenn ich mit Achim ausgehen muß, dann kommst Du rüber zu uns und spielst Großmama, nicht?

Aber überhaupt freue ich mich, bald wieder mehr in Deiner Nähe zu sein; denn auch für erwachsene Menschen sind Mütter immer noch wichtig – vorausgesetzt, man hat sie lieb. Und das habe ich!«

## *Christa Meves*

geboren 1925. Studium der Germanistik, Geographie und Philosophie an den Universitäten Breslau und Kiel, Staatsexamen in Hamburg, dort zusätzliches Studium der Psychologie. Fachausbildung im Psychotherapeutischen Institut in Hannover und Göttingen. Freipraktizierende Kinder- und Jugendpsychotherapeutin in Uelzen, Arztfrau und Mutter zweier Töchter, sechs Enkel. 1987 Konversion zum katholischen Glauben.

*Verliehene Auszeichnungen:*

1974 Wilhelm-Bölsche-Medaille
1976 Prix Amade
1977 Goldmedaille des Herder-Verlags
1978 Niedersächsischer Verdienstorden
1979 Konrad-Adenauer-Preis der Deutschlandstiftung
1982 Sonnenscheinmedaille der Aktion Sorgenkind
1984 Medal of Merit
1985 Bundesverdienstkreuz erster Klasse
1995 Preis der Stiftung Abendländische Besinnung
1996 Preis für Wissenschaftliche Publizistik

80 Buchpublikationen, Übersetzungen in 11 Sprachen. Gesamtauflage in deutscher Sprache über vier Millionen Exemplare

*Andrea K. Dillon*

geboren 1969 in Graz/Österreich; Studium der Philosophie, Psychologie, Pädagogik und Germanistik an der Karl-Franzens-Universität Graz, theologische Zusatzausbildung über Wien. 1993 Sponsion zum Magister der Philosophie, 1995 Promotion zum Doktor der Philosophie.

Nach Abschluß des Studiums Unterrichtstätigkeit an einem Grazer Gymnasium. Buchpublikationen: »Hochsommer« (zusammen mit Christa Meves) 1994. Regelmäßige Beiträge in einer katholischen Zeitung.
Seit 1995 Mitarbeit in der Praxis Christa Meves, Uelzen.

# *Erziehen lernen*

von Christa Meves
erscheint 1996, Format 12 x 19 cm,
ca. 250 Seiten mit vielen teils farbigen Abbildungen,
ca. DM 30,–

Dies ist ein hilfreiches, sympathisches Kursbuch der Erziehung mit großem Verantwortungsbewußtsein und mit menschlichem Engagement geschrieben. Es zeigt, angefangen von den ersten Lebensjahren bis zum Ende des Jugendalters, welche Probleme in den verschiedene Phasen auftauchen und wie man sie erzieherisch heute lösen kann.

Viele Fallbeispiele aus der Beratungspraxis der Autorin erleichtern es, die mitgeteilten Erfahrungen in den eigenen Erziehungsalltag zu übertragen. Am Ende jedes Kapitels ist der angebotene Stoff kurz und prägnant zusammengefaßt.

„Erziehen lernen" gilt als ein Hauptwerk der bekannten Kinder- und Jugendlichenpsychotherapeutin. Die anschauliche Darstellung, die übersichtliche Gliederung und der handfeste Praxisbezug haben das Buch von Christa Meves zu einem Standardwerk der modernen Pädagogik werden lassen.

# *Manager zwischen Karriere und Familie*

von Johannes Czwalina und Andreas Walker
erscheint 1996, Format 14,8 x 21 cm,
ca. 200 Seiten, ca. DM 40,–

Familien werden nicht selten Opfer des Karrierestrebens, doch der Wunsch eines wirklich erfüllten Lebens bleibt häufig versagt. Und immer mehr Manager stecken daher in tiefen Krisen.

Wo liegen die Ursachen? Wo gibt es Auswege?

Die beiden Autoren schildern aus ihrer beruflichen Praxis konkrete Fälle. Sie verfügen aufgrund ihrer Managementseminare und Beratungsgespräche über große Erfahrungen.

Dabei stellt sich immer wieder heraus, daß Rückbesinnung auf christliche Werte und die auch damit verbundene Hoffung die beste Grundlage ist, um mit den Belastungen, die sich aus dem Spannungsverhältnis zwischen Karriere und Familie ergeben, fertig zu werden.